臺灣

死亡
咖啡館

故事版

郭慧娟 著

自序

　　「死亡咖啡館」活動是從2010年起，由英國Jon Underwood先生開始創辦。他邀請了幾位親朋好友，以輕鬆、自然的方式，聚在一起聊生死。參加的親友們毫無禁忌，沒有避諱，用一種坦然、正面的態度談論有關生命和死亡的話題。自此，這樣的理念開始獲得世界各地人們的響應，至今全球已有33個國家共舉辦2800多場。

　　國人向來忌諱死亡議題，我們的教育、家庭及個人都盡量避談跟死亡有關的事，但生死本是自然循環之道，所有人都無可避免，越是禁忌和迴避，一旦面臨反倒更添悲傷與無措。

　　為正向推展死亡教育，向來致力提升國內殯葬文化的「臺灣殯葬資訊網」，決定呼應英國「死亡咖啡館」活動，接力於臺灣舉辦。臺灣死亡咖啡館活動由「臺灣殯葬資訊網」網站總編輯兼主筆郭慧娟老師擔任引言人並主持活動，自2014年10月24日在台中起跑，至2016年2月27日止，共舉辦62場，預計至2016年底前將舉辦超過一百場。

　　一開始計劃舉辦這個活動時，我們網站團隊很擔心國人禁忌談死，沒想到活動消息一出，民眾報名出乎意料踴躍。

第一場活動報名限25人，5天內即額滿，自此，各界舉辦邀約不斷，網站及臉書粉絲專頁更是常有民眾詢問可否在全省各地舉辦，甚至希望能策劃種子研習營，讓死亡教育更紮根及延伸。

　　臺灣死亡咖啡館活動舉辦方式及內容不同於世界各國，活動每次約3小時；活動一開始為讓大家心情沈澱下來，聚焦在死亡議題上，會先播放一段12分鐘的短片，短片內容有三段，提出人們面對死亡的心態、喪親的悲傷和臨終遺憾；之後1個半小時由引言人郭慧娟老師一一拋出不同面向的死亡問題，引導參加者思考，同時進行團體分享；之後開始分成5-8人，進行小組分享。

　　死亡咖啡館活動引起很大的迴響與好評，不少人在聆聽引言人和參加者分享的生死小故事後，深受感動，頗有所感；也有人覺得活動啟發了他們重新思考對死亡的觀念與態度，但因時間緣故，無法更深入獲知如何面對和處理死亡的實務知識，覺得可惜。

　　為了讓更多想參加卻尚無機會參與的民眾，也能分享這些小故事；以及滿足大家獲得從容面對與處理死亡相關事務的知識與作法，我們著手編撰《臺灣死亡咖啡館——故事版》及《臺灣死亡咖啡館——手冊版》兩本書，希望讓活動內容有更具體的延伸，實際上協助大家坦然面對生死。

臺灣死亡咖啡館
故事版

　　《臺灣死亡咖啡館——故事版》全書彙整死亡各個面向142個問題，以及活動中曾分享發人省思的76個死亡小故事，期能啟發大家用不同角度重新思考及面對死亡；《臺灣死亡咖啡館——手冊版》則從死亡態度、如何談死亡、臨終關懷、身後事處理到失落後的面對，提供非常實用的量表、小常識、貼心關懷與各種死亡資訊，期能協助大家從容的面對與處理相關死亡事務。

臺灣死亡咖啡館活動談論的生死議題

議題	子議題
第一次想到死亡是什麼時候？	回憶自己幾歲時第一次想到死亡
	當時發生了什麼事情？為什麼會想到死亡？
	當時的心情及之後對自己生命的影響為何？
當開口談論死亡時……	曾經有無和別人談論死亡的經驗？
	為什麼我們的社會或家庭忌諱死亡？
	是否曾因談及死亡議題而遭制止或責罵？
	為什麼大家不想談死亡問題？
	如何能坦然的談論生死？
	談死亡又對我們有什麼正向助益？

死亡的禁忌、衝擊與震撼	生活中對死亡的禁忌：數字、諧音、想像……
	辦理喪事時有哪些禁忌？
	死亡或喪禮的禁忌一定都要遵循嗎？
	我們對禁忌和死亡的因應態度是什麼？
	我們可以調整禁忌的作法嗎？
面對死亡的經驗	親人過世時的經驗……
	大部分人面對死亡的態度……
	我們為什麼會對死亡感到恐懼和焦慮？
	明知人之必死為什麼死亡衝擊還是那麼大？
	面對死亡的態度是否能夠改變？
為死亡做好準備?!	對安寧療護的瞭解和接受討論
	放棄急救？堅持到底？
	人臨終前會有什麼反應？需要怎樣的照護？
	什麼才是現代善終？
當死亡靠近時——臨終面對、關懷與問題	臨終前及瀕死時刻親人能做什麼？
	具體的臨終關懷該做些什麼？
	臨終者的身、心、靈需求是什麼？
	大多數臨終者過世前的遺憾是什麼？
	面臨生命最後關頭該有什麼態度？

故事版

身後事的面對和處理	自己能為自己的後事作主嗎？
	辦喪事時常遇到什麼問題？
	喪禮中的禮俗儀節都有什麼意義？
	喪禮中的禮俗儀節一定得照做嗎？
	喪禮中的禁忌都得遵循嗎？
	對喪葬禮俗有什麼看法？
如何走出喪親悲傷？	喪失親人的悲傷經驗分享
	多久走出悲傷才是正常？
	什麼是正常悲傷？什麼又是不正常悲傷？
	如何走出喪親悲傷？
	什麼情況應該要尋求協助？要看醫生？
為自己預約一場喪禮	對生前告別式的看法
	什麼時候適合舉辦生前告別式？
	生前告別式的意義和目的
	預約喪禮的好處？
	預約喪禮的具體做法有哪些？
	對生前契約的瞭解和接受度？
	往生互助會的瞭解和討論

死後的世界 ——你相信死 後有靈魂嗎？	從一般託夢經驗談靈魂
	從瀕死經驗談靈魂
	從輪迴觀念／前世今生談靈魂
	從實際生活經驗中談死後生命
我們的死亡教 育……	傳統的死亡教育是什麼？
	現代的死亡教育和以前有何不同？
	死亡教育的影響
	死亡教育能不能不一樣？
	我們的死亡教育問題與需求
天災人禍／意 外對我們的衝 擊	意外死亡對我們的衝擊
	意外死亡與因果報應觀念
	親人意外死亡的悲傷療癒
	我們對死亡的既定及刻板印象
當毛孩寶貝離 開我們時……	寵物在家庭的角色與地位改變了？
	該如何面對寵物的生、老、病、死……？
	寵物的臨終關懷與作法為何？
	寵物死後該如何處理？
	寵物過世後的悲傷療癒……

目錄
Contents

{ 第一篇 }

面對死亡這件事

死亡，向來是我們避諱且不能談的禁忌。提及的人不是被認為不識相，就是令人討厭，也是不受歡迎的。但是，逃避就能不死亡嗎？忌諱就能不面對嗎？在每一場的活動中，我常跟與會朋友說：「如果逃避就不會發生，那我們就不用坐在這邊了，不是嗎？」

　　其實我很佩服來報名參加死亡咖啡館活動的每一位朋友，因為他們跟別人不同，願意勇敢面對和承擔生命中的失落事實，願意面對自己的生命課題，也願意將自己的生命失落經驗與別人分享。這並不容易。

　　一位大學生曾語帶哽咽地跟大家說出內心的感覺：「聽到大家分享各種死亡議題，讓我深受感動。原來，每個人都會遇到面對死亡的選擇和困境，這些問題我從來沒有機會知道，在『死亡咖啡館』活動中聽到大家分享，真的很感動！」

　　另一位參加活動者說，他最早體驗死亡是在三歲時，因母親生重病，家中長輩給他相當大的責任與壓力，當時他被告誡不能詢問跟死亡有關的問題，但卻背負家中長子的責任，從小就被死亡「威脅」，覺得生命非常不可靠。即便現在已過四十年，母親依然健在，他仍然覺得死亡很可怕、生命無常。

　　還有一位參加活動的民眾說，自己曾有連續喪親經驗，那種悲痛無法言喻，也無人可談，這個活動提供一個可以輕鬆、自在談生說死的機會，真的很棒！

1. 為什麼避諱談死？

你可曾想過：為什麼我們會避談死亡，那不是很自然的一件事？每一個家庭都會有人過世，只是時間先後，每一個人也勢必得面對親人和自己的死亡，既然無可避免，為何不用坦然且正向的態度面對？不聽、不說、不看這種駝鳥心態有解決我們的生死問題嗎？又錯失了什麼生命的美好機會？

　　從小到大，很少有人教我們怎麼「面對死亡」。

　　很多人小時候都有過類似的經驗：家中長輩看到路上有人辦喪事，馬上將自己拉開，然後說：「頭不要轉過去，不要看！」路過路邊搭棚辦喪事，則繞道而行，儘量遠避，將「死亡」視作可怕、晦氣的事。

　　很多人也有這樣的經驗：探望生重病的親戚或朋友，明明知道對方已經不久人世了，卻完全避談跟死亡有關的話題，大多是這樣慰問的：「很快就好了，好好休養。」「別說喪氣話，下禮拜就出院了。」「沒事的，你很健康的。」「別想那些有的沒有的，很快就回家了。」「什麼死不死的，別亂說話。」其實，病人清清楚楚知道自己剩下的時間，探病的人也很清楚病人的狀況，但是，能不面對就不面對。大家的心態都是：「在死亡面前，我們能說什麼呢？」

　　還有更多人有這樣的經驗：家中的長輩想要談身後事，

晚輩或家人會說：「好好兒的說這些幹嘛！」或說：「哎呀！恁會呷到百二，免想太多！」

我有一位學長，某天回家和媽媽聊天，聊著聊著就講到死亡的事，他很自然地問媽媽對死亡的想法，還問身後想怎樣辦喪事，只見媽媽臉色越來越難看，最後發火怒道：「你是怎麼了，去讀了生死學，就變成這個樣，真是的！」

我曾經和一位老爺爺聊天，這個老爺爺很無奈地跟我說，他每一次只要認真地跟他的子女談身後事，孩子們沒有一個願意好好地聽他說，大部分都會回說：「哎！爸爸，您好好地講那些做什麼。」

在第一場活動上，有一位在學校教授生死學的老師跟大家說，我們的社會太忌諱談死亡，他說他曾經幫學校規劃殯葬課程，學校要他避用「死亡」或「殯葬」等名稱；殯葬單位也盡量改名像「生命禮儀管理所」或「羽化館」等；還有許多民眾盡量不經過殯儀館或火化場，特別繞道而行；經過辦喪事的喪家時習慣性地將頭轉開，或叫孩子轉過頭去別看；很多人不上醫院探病，避諱進喪宅，不到殯儀館。他認為，死亡沒有什麼好恐懼的，人人都會面對，人人也都應該要學習面對。

過去二十年來，我不斷地思考這個議題：我們為什麼避諱談死亡？這樣的態度有沒有可能改變？要如何改變？我先從我的家族開始觀察與溝通，試著跟家族裡的老、中、青、幼四代去談死亡，理解他們對死亡的觀念與態度，發現其實

要改變面對死亡的態度沒有想像中地難，但也不是所有人都那麼容易。

我覺得我們面對死亡的態度受幾個層面影響：一是文化層面，二是社會心理層面，三是認知及感受層面。而且大多數人因為別人都這樣做，就把自己的「心」封閉起來，讓自己儘量「不聽、不說、不看」，認為這樣比較安全，也比較沒事。有趣的是，很多人也知道這是「自欺欺人」，那只是心理感覺而已。事實上，沒有一個人成功逃過「面對死亡」這件事。

備受煎熬的父親

有一次，在一個活動上，一位朋友說他的孩子得了罕見疾病，情況不是很好，生命已進入倒數。

他內心無法接受，一直抱怨老天，既然賜給他這個小寶貝，為何又要奪走？如果這樣，當初就不要給他就好了。他一直問信仰的神：「為什麼要這樣待我？為什麼？孩子何辜？何苦折磨他？」

他說，過去一段時間，他一直在努力延長孩子的生命，一直在抱怨和悲傷中度過。除了這樣，他還能做什麼？還有什麼好做的呢？絕望、憤怒、怨天尤人、討價還價、沮喪、不平，他的心情就這樣一直來回擺盪，備受煎熬。

透過活動中死亡議題的引導與思考，並聽到大家的生死

經驗分享，這位男士突然驚覺：「我是不是忽略掉一些重要的事情？」「花所有的精力在抗拒死亡、悲傷即將失落的感情，為什麼不珍惜這剩下的每一天及每一分鐘？」「與其以後回憶起來只有痛苦，不如創造最後生命的美好回憶！」

他很感性地跟大家分享：「啊！我突然感覺輕鬆許多，差點錯過，差點造成更多遺憾。」「是的，與其抗拒，不如正向面對！」在場聆聽他說這些話的朋友們，用敬佩的眼神看著他，心中暖暖的，紛紛為他和孩子加油，也給他和家人滿滿的祝福。

孩子有完成生命功課嗎？

對於死亡，我們其實是有心理預設與期待的。

例如：我們希望能活得老又長壽，高壽死亡是值得慶賀的好事；活到老才應該死，年紀大死亡比較沒有遺憾，也比較不感到痛苦。反之，只要不是活到「老」才走的，都不符合我們的心理期待，所以，我們不能接受，承受的失落與痛苦也會加劇。

曾經有一位朋友跟我分享他親人離世的生命經歷。他說侄子廿多歲時車禍喪生，他的哥哥至今無法接受，一直陷在白髮人送黑髮人的悲痛中，他看了也很不忍，但不知道該怎麼做才能稍減他內心的喪慟。

這位朋友敞開心胸與我對談，我很真誠且直接地請問

他：「你覺得你的侄子那麼年輕就走了，他有完成他人生的功課嗎？」「他是意外死亡的，一般都認為沒有善終，你覺得他的死亡是痛苦的嗎？」

這位朋友很認真地思考，這樣回答我：「我覺得他有完成他的人生功課。」「我看過他發生車禍整個過程的錄影帶，覺得他沒有受到什麼痛苦就走了。」

當他說這些話時，我們兩個互相注視對方，各自陷入靜默的沈思。我想到大家常說的一句話：「棺材不是裝老人，而是裝死人的。」死亡不是老人的權利，任何年齡、身分、性別、職業的人都可能面臨，而我們一般人的心理預設和期待，又是我們不願正視死亡的態度與藉口？

我心想：「這社會有多少人受著這樣的苦？覺得自己的親人在不該死亡的年齡走了，陷入無法拔脫的悲傷中……」

向檢察官自首的男子

曾經有一次，我在一個社團辦公室和朋友聊天。正在講話時，一位年約卅歲的男子敲門進來，這位長相斯文、看起來受過高等教育的男士，詢問的問題卻讓我們驚異不已。

這名男士先是眼神在我和朋友中間來回探巡，略為猶豫後，把頭轉向我，遲疑地張口問：「我可以……請問……一個問題嗎？」我輕輕地點點頭，很好奇他要問什麼樣的問題。

　　這位略顯憂鬱的男士看我們態度和善，便放心地道出他想要詢問的問題：「請問你們知道國內有沒有地方可以提供冰存屍體的地方？」我的朋友以為他是單純需要冰存屍體的冰櫃或太平間之類的資訊，便好意地告訴他可能要洽詢殯儀館或禮儀業者。

　　這位男士急著解釋：「不是的，不是那種冰存，而是我聽說國外有專門提供冰存死者的公司，冰存個一、二十年，等未來科技或醫療進步時，再解凍進行治療。你們知道國內有這樣的公司嗎？」

　　聽完他的問題，我的朋友露出略不耐煩的態度，直接跟他說，國內怎麼可能會有這樣的公司，人死不能復生，並要這名男士面對父親已經死亡的事實，不要再做無謂地詢問和奔走，好好幫父親辦好後事比較實際。

　　看到朋友不以為然的態度，那位男士十分沮喪，我看了覺得不忍，便問他：「你和父親感情很好，是嗎？」他點點頭說：「因為我沒有把父親照顧好，他才會死，真的很希望爸爸能有機會再活過來，我相信未來的科技會有辦法的。國內真的沒有這樣的高科技公司？生物都可以複製了，人也該會有機會死而復生……」

　　言談中發現，這位男士家境不錯，也受過高等教育，他知道國外先進的死亡資訊，對生命比一般人有更多的期待，但是，也隱約感覺他和現實略有脫節，好似活在一個不真實的虛擬狀況中。

後來，轉輾獲知，他認為父親是因他疏忽致死，還主動向地檢署「自首」。檢察官在偵查庭上勸他，父親的死責任不在他，請他不要繼續陷在不真實的喪親悲哀中，當然案件最後是不起訴結案。

蘋果手機創辦人賈伯斯曾說過：「死亡是生命最好的發明。」其實不只是死亡，從生到老到病到死，每一個階段都是生命的自然過程，各有奧妙美好之處，只看我們自己如何面對、欣賞、甚至享受。

死亡既是你我都逃不掉的事，與其逃避，不如正向面對。一味地逃避閃躲、忌諱否認，只是達到表面的壓抑效果，反倒更增焦慮與恐懼，無益生命進展。健康面對死亡的各種可能，才能坦然地生活，並激發出生命的成長火花。

2. 為什麼對死感到恐懼與焦慮?

你可曾想過:我們為什麼那麼恐懼死亡?大多數人都相信有
靈魂、有來生,生命若有延續,為何還如此恐懼?我們信仰
的宗教也對死亡有明確的指引,你我也都清楚知道的,不是
嗎?死亡帶給我們的衝擊是什麼?對死亡的恐懼與焦慮對我
們的影響是什麼?這恐懼與焦慮只有負面影響嗎?還是能有
正面激勵?

　　活動中大家談到「第一次想到死亡的經驗」時,有一位
朋友說:「小時候晚上看星星,看到最後天空完全變黑,忽
然覺得很害怕。」一位大學生說,國小時,曾經接到媽媽打
電話告知舅舅過世的消息,當時聽到很害怕,那種害怕是自
然的、深層的恐懼。

　　一名年輕學生說,小學時有一次去抓蝴蝶,把牠小心
翼翼的放在口袋,結果不小心「害死」蝴蝶,一直覺得很
內疚,之後有一段時間很害怕死亡。長大後看到父母日漸年
邁,也很擔心自己的父母會先離開,不知道該如何面對。同
時也曾經因為自己胸口悶,意識到對死亡的心理準備是一件
重要的事情。

　　還有一位參與者說,奶奶在他很小時過世,當時對死
亡這件事印象不是很深刻,長大後有一次自己感冒生病,長

時間昏睡，醒來發現有人陪伴，當下感覺活著真好。之後年長，再次面對至親生重病，眼見至親不願面對自己的死亡，並在臨終階段與死亡抗拒、拉扯，當時他陪伴在側，衝擊與感觸很深。他說：「經歷這些，現在覺得生命像一本書。」

救護車聲

阿美的公公突然心臟病發，緊急召來救護車後，阿美慌忙地跟著上車。在救護車上，隨車人員不斷地搶救，氧氣罩套在公公的臉上，但抵達醫院前，公公依舊沒有呼吸心跳。

公公的驟逝，讓阿美不知所措。她從來沒有遇過死亡，也從沒想過家人會死亡。半個小時前，公公明明還好好坐在家裡看電視，前一秒還在看電視的人，怎麼下一分鐘會躺在救護車裡，而且已經離開人世了呢？

到了醫院，阿美嚇得全身發抖，忽然覺得呼吸困難了起來，胸悶有窒息感，眼前一片黑，人頓時暈眩，待整個人逐漸清醒過來，她意識到公公是真的死了，悲痛難抑的放聲大哭。

辦完公公的喪事，阿美很難從突如其來的死亡情境中脫逃出來，看了幾年心理醫生，她仍然偶爾會在半夜被噩夢嚇醒。尤其令她感到害怕的是，之後好長一段時間，只要一聽到救護車的鳴迪聲，她都會不自覺地發抖，並且驚怕不已。

對死亡莫名的恐懼

　　引領國內生死觀念的學者傅偉勳曾於《死亡的尊嚴與生命的尊嚴》一書中指出，在他很小的時候，信仰淨土宗的母親常常講述有關地獄的可怕景象，描述著業障深重的人在死後如何經歷閻羅王的種種恐怖審判，每次一聽到母親講到這些事，就會讓他害怕莫名，經常半夜作惡夢，被魔鬼追逐，每每被惡夢驚醒。因此，他從小就對死亡產生莫名恐懼。

　　一位朋友告訴大家：「前陣子心律不整，醫生說有危險性，說老實話，我覺得很恐懼，就是恐懼死亡，害怕死亡，那是一種無名的恐懼⋯⋯。」害怕什麼呢？他說具體的內容也說不出來，就是莫名的恐懼。

　　一位參加者也跟大家真誠地分享：第一次感到死亡可怕，是另一半突然生重病，當時昏迷送往醫院，醫生詢問是否開刀，但開刀後會有兩種結果，一是無法救活，另一是成功後半身不遂或是成為植物人，當下真的很害怕，但字還是得簽，治療的過程中，每晚回家都是以淚洗面。

　　另一位參與者提及，他最早體驗死亡是在三歲時，因母親生重病，家中長輩給他相當大的責任與壓力，當時他被告誡不能詢問跟死亡有關等等的問題，並且還要背負家中最大孩子的責任，因從小就被死亡威脅，覺得生命非常不可靠。即便現在已過四十年，母親依然健在，他仍然覺得死亡很可怕、生命無常。成長後，有機會到安寧病房實習，為了體會

死者的感覺，曾將自己關在黑暗的房間中，播放念佛機，模擬死者躺在棺材裡，旁邊只有念佛機的誦經聲，體會當死人的感覺，覺得很害怕。又因長期在安寧病房實習，一個月有時送走四十幾位末期患者，非常能體會死者家屬的恐懼與不安。

有位參加者也說，只要提到死亡相關的話題，她都會害怕、不敢碰觸，連有關生死相關的書籍也不敢翻閱。她說她常去安養院當志工，每次遇到老人家死亡，都不敢接近、不敢看，還會放聲大哭。有一次，一位老太太才跟她說完話，等她上台表演唱完一首歌後，老太太就倒下，送醫不治，讓她很難接受，難過了好一陣子。

還有一位在教會工作的朋友，說他一直以來會逃避「蓋棺」的工作，只要是喪禮流程準備要蓋棺了，他就會找各種理由與藉口躲開，讓其他同事處理。他說，自己很害怕，不自覺地要躲避，但參加完活動後，他告訴大家，會拿出勇氣，以後不再逃避。

「放不下」的真相

一位罹患癌症的朋友，在一場活動中跟大家分享了一段話，這段話的內容時常縈繞在我腦中，不時咀嚼玩味。

她跟大家說：「在一知道自己罹癌時，簡直是嚇呆了！腦中浮現的是『完了！完了！那我的家庭怎麼辦？我的家人

怎麼辦？他們一直都那麼依賴我，以後沒有我的日子他們該
怎麼辦？』恐懼和不知所措籠罩心房，好一段時間都在擔心
這件事。」

她說，自己沒那麼恐懼死亡，最令她煩憂的是家人沒有
她的日子該怎麼過？幾次化療下來，她慢慢觀察家人包括先
生和孩子們，卻發現：沒有她的日子，家人好像過得比較輕
鬆自在！

這位女士說，剛開始有點失落的感覺，心想：「怎麼會
這樣？他們平日很依賴我呀！但另一方面卻又覺得鬆了一口
氣，原來家人可以自己活下去的。」

經歷了這次生死關頭，讓她領悟很多事情，也改變了她
的生命。

第一件事是，原來一直以來都是她自己放不下，而非她
不能放下；第二件事是之前她一直為家庭付出，過著沒有自
我的生活，也讓家人只能照著她安排的生活軌跡走，如今她
想通了，責任和義務適度就好，太過對家人和自己都不是好
事；第三件事是，她終於能開始為自己而活，有自己的社交
生活，有自己想實踐的夢想，生命最後不會有遺憾。

珠寶商的故事

王先生是一名珠寶商，有一天他在開車途中感到胸悶不
適，經就醫急診檢查，醫師診斷是心肌梗塞，差點就沒了性

命。

住院期間，王先生和太太有了許多領悟，他感嘆生命無常，體會到之前花很多時間周旋於各政商富豪之間，只為賺錢，生命毫無意義，如今生病後，才體會到生命的真諦是什麼，更深刻感嘆先前沒有花很多時間陪伴家人，沒有花時間做自己想做的事。

他和太太兩個人，逢人便說，撿回這條命真好，以後不再過從前的生活了，一定要重新活過。眾親友們也明顯感受到他們莫大的轉變。

幾個月後，王先生出院了。漸漸地他又恢復從前的生活型態，回復周旋於政商名流每天到處應酬談生意的日子。親朋好友們發現，先前聲稱體悟到的生命的真諦的王君夫婦似乎又回復原先的生活了。

王先生的經驗正是我們一般人常有的經驗。平時我們都專注在生活中的工作、戀愛、聚餐、賺錢、休閒、失業、房貸、生活的喜怒哀樂等，死亡會被自然地「暫時」遺忘，一旦親戚朋友或自己罹患重病，隱藏在心中底層的焦慮和恐懼，便會浮上檯面，但偶發性的死亡事件一旦過去，我們又漸漸回到生活中的習慣事物，又遺忘死亡這件事。死亡的印記就這樣與我們互相牽扯激盪，直到有一天，我們真得面對它時，它的存在事實才會真正的被拉到眼前來，人們終得真實面對，無可逃避（本故事引自華都文化出版郭慧娟著《生死學概論》第二章）。

許多熟悉植物栽種特性的人都知道，如果一棵植物生長狀況不佳，或是發育受到阻滯，只要在其不同部位，以刀輕割數下，植物就會立刻繁茂生長。這是因為植物受到死亡的威脅，為了生存而自發性的成長。

所以，正確地認知死亡，意識到死亡的真實存在，並感受死亡帶來的焦慮和影響，事實上能有助於我們生命的成長，讓我們意識到生命的有限性，並珍惜當下，勇往直前，活出更精彩的人生。

3. 死亡面向大不同

面對死亡有三個不同的面向，一是面對他人的死亡；二是面對自己的死亡；三是面對身邊親友的死亡。你可曾想過：面對這三個不同面向的死亡，自己的態度有何不同？是一樣？還是不一樣？差異為何？或為什麼不一樣？哪一個面向對你來說最難面對？

　　醫護人員、殯葬從業人員、救護車人員等，平日接觸的是別人的死亡，他們在職場上表現得專業、冷靜、理性，但若遇到自己的死亡和身邊親友的死亡，他們也一樣能夠那麼專業、冷靜、理性？教生死學的老師在面對親人死亡和自己的死亡時，能比其他行業的人來得「高明」？依照常理，這些人員看得多、面對得多，處理得多，理當比一般人豁達，應該「看開了」，不是嗎？但答案可能往往不是，或有可能不是。

　　前年大陸一名教授生死學的老師自殺了，引起海峽兩岸學界的震撼；有一些殯葬從業人員在面對親人或自己的死亡時，也常常不知所措，心裡同樣很糾結。

　　趙可式教授寫了一本書《醫師與生死》，文中提及，醫師當得越久會發現，醫學是有極限的；醫師不是神，他只是一個凡人而已。有醫生說「祖父母相繼過世，連續三個月我

無法替人開刀」、「巡房時，經過末期病人的病床，我選擇刻意繞開，因為我害怕。」、「病人不該死，是被我開刀到死」、「每一次病人的離去，都給了我無形的學習；很幸運地就是說，每一次都會接受到刺激。」

之前有一部紀錄片《那個靜默的陽光午後》，是一部記錄遺體捐贈的片子。片中輔仁大學一位教授解剖學的老師，大力鼓吹大體捐贈，但對親人想捐大體卻無法接受。對自己這樣的想法，她感到非常抱歉。她經常想起自己多年前回答父親的一席話：「我沒辦法接受爸爸過世後，成為解剖堂上的一具教材。」媽媽也想捐贈大體，她開始思索為何不能成全母親的想法？她也再度認真體會父親在世時為何想捐贈大體。

曾經參加「死亡咖啡館」活動的一位殯儀館職員跟大家分享，即使每天接觸跟死亡有關的事情，但真正面對自己親人的死亡，還是感到激動與糾結。她說活動當天早上才到祖母靈前上香，眼淚止不住地流了下來，雖然每天看盡生離死別，臨到自己時，內心感觸還是波濤洶湧。

墓園從業人員心中的坎

有一場活動在墓園舉辦，參加者大多是墓園從業人員。大多數的從業人員都能用正向、坦然的態度去面對客戶的死亡；而對自己可能面臨的死亡，大多數從業人員也能擁有自

主和坦然的態度，有的會預立遺囑，有的用比較豁達的態度
看待人之必死。

　　但幾乎所有的從業人員在談到自己親人的死亡時，不
捨、糾結、感傷、恐懼、慌張的情緒全都跑了出來。不少人
談到逝去的親人，忍不住落下令人動容的眼淚。一直以來服
務他人的死亡，這一次，他們流的是真情至性的思親之淚。

　　有三位墓園從業人員提到面對親人的死亡，心中仍有
放不下的「情結」。他們說雖然親人就長眠在自己工作的墓
園裡，去「看望」他們是那麼輕而易舉的事，但卻很少去祭
拜，甚至會下意識迴避，因為，心中還有過不去的「坎」。
所以，喪親不僅僅是失落的問題而已，還得有勇氣坦然面對
自我，才能走過喪親之痛。

　　一位資深從業人員邊說邊哭，說她一位長輩過世一、兩
年，卻一直活在她心中。他是那麼慈祥，是她生命的導師，
到現在她還會常常對著長輩的牌位跟他說話，甚至坐在他常
坐的椅子上思念他。她說，在這位長輩過世後，她才知道原
來設立神主牌位是有功用的。分享過程，她道盡對長輩的思
念，大家也發現，說出來就是一種療癒。

　　還有一位年輕的從業人員說，自己還年輕，但對死亡仍
存恐懼，尤其不知怎麼地，每次坐上飛機總是不自覺地會想
「這班機可能失事」，雖然挺可笑的，但就是會突然地想一
下。另一位輔大學生也承認，自己也會在搭飛機時想到可能
失事、可能會死。

　　一位男性從業人員說當他聽到引言人提及「他人死亡」、「你的死亡」和「我的死亡」不同面向時，內心頗有感觸。他說，平常他沒想那麼多，但經過自我檢視，發現面對自己的死亡並不恐懼，卻最怕面對至親的生、老、病、死，心會糾結不已，無法控制的害怕與擔心，並且不知所措以至慌亂。

銀髮志工害怕的兩件事

　　有多場活動參加的是銀髮志工，每天都要關懷和陪伴長輩們的志工們說，照顧和陪伴長輩，感覺最困難的兩件事是：和長輩談死、以及面對長輩們的喪偶或喪子悲傷。

　　一位志工說，他們所關懷的長輩，每個人情形都不一樣，有的長輩非常忌諱談死，有的長輩很樂觀，願意正向面對死亡。

　　他們一致覺得，死亡教育真的很重要，未來要如何加強，是他們必須好好思考的事。尤其是有的長輩喪偶或喪子，看他們那麼難過，卻不知道該如何安慰，自己備覺挫折。

　　死亡咖啡館活動也曾和社區長輩們談死亡，每一場舉辦前都覺得忐忑不安，壓力很大。以我來說，什麼都可以談，但長輩們呢？如果沒有掌握好談死的內容，有可能讓長輩們感到不安，那就失去我們想要交流的初衷，反倒達不到希冀

的目的。

可是，一場又一場辦了下來，卻發現長輩們不但不忌諱，還談得很開心。每一場辦完，長輩們都會很熱情地說：「老師，擱來開講啦！」聽到後我總感覺心中暖暖的，超級感動。所以，現在我常跟朋友或學生說：「誰說我們的老人不能談死亡？確定可以的！」

殯葬業者：我不想死！

一位從事殯葬業數十年的女性業者，先生因罹患肝癌過世，丈夫走了以後，她便足不出戶，孩子們以為她思念先生過度，陷入深深的哀傷中，便格外體貼她，生活起居都照料得好好的，心想過一段時間便會慢慢好轉。

白天大家都出去工作，晚上回家便陪著她，孩子們看媽媽變得鬱鬱寡歡，想找她說話，卻也不知該勸慰些什麼。但媽媽的情況一直都未見起色。慢慢的，孩子發現她常待在房間裡發呆，眼淚一直流個不停，悲傷的情況似乎越來越嚴重。而且自爸爸過世後，她不太願意出門，總是把自己關在家裡。

孩子們發覺不對勁，帶她去看醫生，在醫師的治療協助下，這位女性業者才說出，喪夫後她恐懼外出，總覺得大家都用異樣眼光看她。醫生說她得了憂鬱症，經過一段時間的輔導和治療，她的狀況總算慢慢好轉，逐漸走出喪偶悲傷。

　　還有一位殯葬從業人員說，他認識一位同行朋友，在地方經營殯葬禮儀業數十年，後來他生病了，得了癌症，經過治療，病情控制得不錯，他很開心，原以為只要悉心調養，應該沒有什麼大問題。

　　沒有想到，有一天突然他又感到不舒服，家人緊急將他送到醫院就醫，醫院做了檢查，發現身體內器官長了黴菌，一直在擴大，情況看來不太樂觀。這位殯葬業者知道了，立刻趕到醫院看他，探望他的時候，生病的朋友告訴他：「說實在的，我不想死，真的不想死……」

　　隔沒幾天，這位殯葬業者接到消息，那位朋友走了。他說，那一天晚上，他一直反覆難眠，耳邊一直聽到朋友說：「我不想死……真的不想死……」每天面對和處理死亡的他，眼淚不聽使喚地流了下來，內心感觸很深。

　　還有一位曾經參加活動的殯葬業朋友也說，他一直是很專業、表現很得體的從業人員。前幾年媽媽過世了，他一接到消息馬上到醫院處理，原以為自己可以的，那是他的職業，卻沒想到，臨到醫院，看著躺在病床上已斷氣的媽媽，突然腦中一片空白，完全不知道接下來要做什麼。

　　不但無法接手處理，自己竟然還跟其他人一樣，眼淚不住地流下來，整個人崩潰了，一直想去抱媽媽，他的同事看他如此，馬上接手他的工作。辦完媽媽的後事，他告訴同事們：「原來自己碰到了，才知道面臨親人死亡是怎麼一回事。」「原來我們也是一般人！」

我本身學的是生死學，教的是生死學和殯葬禮俗相關課程，卻不認為自己能完全超脫生死，經常不定期地檢視自己對死亡的態度。透過自我檢視發現更深層的自我，對自己有了新的認識，也逐漸改變對生命的想法。

舉例來說，當我身體有不舒服時，會問自己：「如果去檢查後，醫生說得了絕症，妳會怎麼想？會很震驚嗎？會抗拒嗎？能坦然面對嗎？真沒事嗎？」家中長輩年紀大了，看著他們我會問自己：「接觸生死學那麼多年，長輩走了，你會崩潰還是已能坦然面對？」

在自問自答和不斷思考過程中，慢慢發現自己有一些改變。也從不斷自我檢視中，增強自己對死亡的正向態度和感受。

臺灣死亡咖啡館
故事版

4. 死亡禁忌百百種

我們有不少關於死亡的禁忌。很多人在活動中問：為什麼有
那麼多死亡的禁忌？這些禁忌都一定要遵循嗎？不遵循可以
嗎？為什麼人死後不能在亡者面前哭？為何八小時內不能動
亡者遺體？動了會怎麼樣？為何亡者晚餐後過世要抱怨他
（她）？為何不希望親人在某些時候過世？

　　你有沒有發現，我們不但避諱談死，不願面對死亡，連
和「死」字同音的數字「4」也很不討喜。醫院沒有4樓、沒
有4號病床，飛機沒有第4排，買房子第4樓最便宜，手機號
碼4沒有人要，護照有4可以換，連火化場火化爐編號也沒有
4。

　　還有，民間有許許多多的死亡禁忌，例如：禁忌晚餐後
過世、禁忌淚水滴亡者身、未婚女性死前死後不能回家、禁
忌出嫁女拜娘家墳、禁忌喪事期間作飯……等。很多人在活
動中討論自己對這些禁忌的感覺，和對自己的影響。

　　有一位朋友說，他的爸爸臥病許久，過世後，家人禁止
他出國散心，說長輩才過世就出國是不孝，又禁止家人在喪
事過後一段時間有性行為，並要他們不能去廟裡拜拜。他說
他自己有不同想法，但無法與長輩溝通，長輩說的禁忌就是
「聖旨」，一定要奉行。

　　他無奈地問大家：「禁忌不是各地方不同？不同的家庭、不同的文化、不同的觀念，都要遵循同樣的禁忌嗎？」「有的禁忌符合現況，但有的禁忌可能違反人情，有的禁忌根本莫名其妙，也都要遵循嗎？」「禁忌到底從何而來？我們又該用什麼態度來面對？」

抱怨親人晚餐後過世

　　我的姑媽十多年前過世。參加她的告別式時，在場外聽到幾位親人聊天的內容。她們是這樣說的：「是晚上八點多走的，吃了三餐。」「啊……吃三餐哦……，人家我那另一半是一大早，留三餐給子孫。」

　　我的侄女在安寧病房工作，在她剛到醫院服務一個多月時，有一天她聽到在病房照顧臨終病人的看護們談論病人最好是半夜或清晨或早上過世。她不能理解這是為什麼，所以打電話問我：「姑姑，為什麼看護們說病人死亡最好不要晚上以後？人死亡的時間又不能自己決定，這樣說病人，會讓病人有壓力呢！」「再說，大家不是都希望親人能多活一些時間，哪有人說希望早一點的，真是不解吧！」

　　我告訴她，因為傳統農業社會，家裡人口眾多，病人如果少吃兩三餐，家人就能多吃一些，因此，如果病人三餐都沒吃，就表示留給子孫的多；如果一天三餐都吃了，表示留下來的少，子孫就要「乞米」，乞求上天保佑後代子孫有

得吃喝。但是，現在溫飽都沒問題，如果還用從前心態來面對，難免覺得荒謬不合理。更何況，病人哪能自己決定什麼時間走，許多臨終病人也無法進食，所以，這樣的禁忌真的可以不要再信，也不要再說了。

跑到教室大哭的男孩

有一場活動，一位年輕男孩的分享，令我印象深刻。

這位男孩說，他小學五年級時爺爺過世了。爸爸特別交代他：「等一下要去看爺爺，你不能在他面前哭。」男孩問：「為什麼不能哭？」爸爸回答：「因為你是男生，男生要勇敢，不要隨便哭；還有就是如果在爺爺面前哭，爺爺就不能放心走，沒有辦法好好上天堂。」

這位男孩說，就因為爸爸特別交代，所以他「忍」住，在看到爺爺遺體時，心裡想哭，卻強忍壓抑，告訴自己絕不能哭。

後來，在他國中二年級時，接到爸爸媽媽電話，告訴他阿嬤走了。他跟阿嬤感情很好，聞此噩耗，當時在學校裡的他，找到一間沒有人的空教室，在教室裡縱情大哭，哭到自己覺得再也沒力氣了，才擦乾眼淚，收拾書包回家。

他說，因為他知道，回家以後爸爸又會跟他說「你不能哭，因為……」

出嫁的女兒不能拜娘家墳？

　　一位三十多歲的小姐，在一場活動中跟大家說，她的爸爸在她結婚前半年過世。隔年清明節前兩個禮拜，她打電話給媽媽，告訴媽媽想在清明節當天去拜爸爸，卻遭媽媽反對，要她清明節別回娘家掃墓，說這樣對娘家不好。

　　這位小姐很傷心，她不能理解為什麼一出嫁就不能回娘家掃墓，不能理解為什麼她去看爸爸會對娘家不好。

　　她說：「不都是一家人嗎？」「為什麼一出嫁就跟以前不一樣了？」「為人子女清明節回去拜拜不是應該的？慎終追遠有錯嗎？為什麼會有這樣莫名其妙的禁忌呢？」

　　她說，那一年清明，她好傷心。

　　第一件傷心的事是，為人子女的自己竟然無法在清明節去拜爸爸；第二件事是意識到自己出嫁後不再是原來家庭的一分子；第三件事是她沒想到自己回娘家竟會影響家人，並可能會「搶走」家人的福分。

醫生，可不可以拖到農曆八月？

　　這是一位安寧病房護理人員跟大家分享的故事。

　　有一天，一位住在安寧病房病人的家屬問來巡房的醫生：「請問醫師，我媽媽的情形有沒有可能拖到農曆八月？」

臺灣死亡咖啡館
故事版

醫生很疑惑的表情回稱：「嗯……病人的情況先前有跟你們講了……恐怕是兩個禮拜時間，怎麼了嗎？」

病人家屬：「沒有啦！就是問一下，了解可能（過世）的時間。」

事後護理人員問家屬為什麼這樣問，家屬說因為農曆七月一般最好不要辦喪事，因此才問看看，如果能拖過農曆七月就更好。

由於恐懼死亡，害怕亡靈作祟，加上人們會習慣性的去服從儀式規定，以及之前人們面對死亡的種種不好經驗，所以，人們會用「禁忌」來因應。

「禁忌」某些程度好像是防身符，又好像是保護罩，可以讓人們感覺安心。但是，面對從以前流傳下來的禁忌，我們不一定都要照單全收。可以先瞭解一下這個禁忌形成的原因，或想要達成的目的，用理性、關懷、人性化的態度來思考和調整運用。

比如前面分享案例，有的禁忌違反人性情感，有的死亡情況是無法控制，也有的禁忌影響我們的生活作息，或許我們可以適度的調整心態和做法，才不會造成更大悲傷和遺憾。

{ 第二篇 }

當死亡漸漸靠近

所有生命必將終結，由於不願意坦然面對，從得知生命已逐漸走向終點，很多人花許多精力在抗拒死亡，與死亡拔河，盡全力延長生命，而忽略了臨終前很重要的一些事情。

　　每一場活動中我都提醒參加民眾：與其花大部分的時間在抗拒死亡，不如用更多精力想想生命終結前有什麼事還需要做，如何做好生命結束前的準備。例如：是不是有什麼事要交代？是不是還有事要了結？有沒有什麼人想見？有沒有什麼話想跟誰說？或有沒有什麼事得自己去做，或請別人幫忙完成？甚至有沒有什麼人要事先道別？或是身後事想怎麼處理？

　　我也提醒大家：不是只有在安寧病房才能享有死亡尊嚴，安寧療護的照護模式可以推廣普及，所有臨終的病人都應該受到身、心、靈的全人照護；還有大家要建立醫療自主的觀念，每個人的生命都是獨一無二的，對於生死都應擁有自主權。但這種自主權應建立在自由、成熟、理性且對生命負責的自覺意識上，別把最後的醫療問題「丟給」別人，產生家人間的許多爭執與困擾。

　　同時我也常真誠地詢問所有參加者：「如果生命只剩最後三個月，你們希望這一百日都在抗拒死亡，還是擁有一百日美好的生命最後回憶？」每當我詢問至此，很多人會若有所思，有一位男士說：「對！我們都幾乎花時間在與死神拔河，卻忘了更真實的把握當下時光。」

　　另外，我觀察到許多臨終者，在生命最後階段會自動或被動地關起與家人溝通的門，這種現象是很吊詭的。追究原因還是因為避諱談死，不願意正向面對死亡。所以，臨終者無法暢談自己對生命或死亡的種種想法與感覺，而家屬也不知道該如何與臨終者溝通，更遑論進入臨終者的心境中，陪伴著「同生共死」了。

　　最重要的是，在瀕死時刻，很多人不知道該做些什麼？能做什麼？錯失了最後溫馨道別和集氣祝福送行的大好良機。最後的道別與祝福，能很真切的讓生者與亡者兩安，不但能釋放出正向的能量，還能凝聚家人感情，讓家人在未來日子裡順利走出喪親悲傷。

1. 為什麼是我？

很多人在得知自己生命到最後、或是家人生命快要終結時，都會忿忿不平，或許問上天、問信仰的神、或到處問：「為什麼是我？」有的怨天，有的尤人，有的自責。我常在活動中請大家思考：「每個人都會死亡，不是嗎？那為什麼不是你？不是我？」我又問大家：「取決生命終結的條件是什麼？是誰決定死亡的時間？又什麼時候該放手？或做好面對死亡的準備？」

面對自己或親人生命即將終結，許多人的第一個反應就是：「為什麼？」「為什麼是我？」無法置信、拒絕接受，或是感到憤怒、怨天尤人，抱怨這不幸之事為何降臨自己身上。

有人會說「為什麼家人一輩子沒做過壞事，搭飛機卻失事墜機身亡？老天爺太不公平！」「她善良認真，年紀輕輕，卻因一場車禍而不幸喪生。誰來告訴我為什麼？」「家中長輩純樸本分，卻因地震一夕辭世。真的不公平啊！」遭遇之人內心總會不斷的吶喊與抗議：「上天為什麼要這樣對我們？」

老天爺為何這樣對我？

　　曾因為工作關係訪問一位女企業家，乍看到她時，覺得她穿的很儉樸，言行氣質透露出一股靜默，似乎還有淡淡的哀愁。

　　訪問告一段落後，我和她閒聊起來，話一投機，她告訴我她的生命故事。她說她的丈夫在業界風評不錯，夫妻兩人感情很好。三年前有一天，先生突然打電話給她，說他身體不舒服，要她趕快回家陪他去醫院。她馬上飛奔回家，立刻開車送他去醫院，一到醫院，醫生馬上進行急救，卻回天乏術。

　　這位女企業家完全無法接受這突如其來的意外，她說「那根本是晴天霹靂，一個好好的人怎麼可能會在短短十到十五分鐘內說走就走了呢？」她覺得老天爺是在和她開玩笑，在先生死後的二至三年內，完全無法接受這個事實。

　　她含著眼淚告訴我：「為什麼才短短十分鐘，一個身體沒有毛病的人就這麼走了。他是一個好人，老天爺根本不公平。祂為什麼要這樣對我，為什麼？為什麼要讓我的先生年紀輕輕就走了？」

　　這位女企業家噙著眼淚，拉著我的手說：「妳知道嗎？我先生過世後幾年的時間，白天忙著先生留下來的事業，晚上一回家就一個人安靜的坐在客廳，不言不語，婆婆看了非常擔心，卻不知道該說些什麼，只能跟著掉淚。到了夜晚睡

覺時刻，我一個人在房間，不斷用手大力捶打胸口，忿恨自己為什麼那麼無能，一個好好的人卻救不了，怨自己為什麼不用飛的去救他，早一分鐘他可能就活下來了。」

女企業家心情稍顯激動，接著說：「沒有人能告訴我，為什麼是我？」我拉著她的手輕輕問她：「妳不能接受這樣的意外，對嗎？完全無法承受。」再以溫柔的口吻說：「一開始妳很震驚，拒絕接受噩耗，接著妳開始憤怒，怨恨發生在妳身上所有的事。」她眼睛發出光芒看著我，並點點頭。

接著我又說：「憤怒之後的妳是不是常常和老天爺討價還價，不計代價地想要回妳的丈夫？一直到有一天，慢慢地妳不再恨了，沒有怨了，反正一切都沒用，妳開始想到你先生以前和妳說的很多事，妳有了一股力量想要去完成這許多事？」

她不斷地頻點頭。我繼續對她說：「知道嗎？妳是有任務的。或許這就是妳的人生考驗，或許只有妳才能完成他的任務。」自己是想要安慰她，所以才講出那樣的話。沒想到，女企業家很平靜地告訴我，先生生前確有一些夢想，卻因自己反對而作罷，因此這些年，只要是他生前想做的事，她便逐一幫他完成。

她告訴我，近年來，她慢慢地去想先生生前的種種，發現先生生前似乎已有預知，而且很多事似乎冥冥中有安排，所以她領悟到她原來是有責任的。於是開始去完成原本先生生前想做，卻被她反對的事。

她告訴我，沒想到自己竟然慢慢地實現了這些夢想，感覺好像先生一直陪著她，給她信心和力量，讓她從以前凡事依賴先生，到現在能有毅力、有決心地面對一切事，整個人徹底成長改變。

走過喪夫悲慟的她，在接受和面對這些嚴峻的人生考驗後，已不再像以往那麼怨天尤人了，似乎也慢慢找到人生努力往前的目標。

最令我印象深刻的是，她漸漸地悟出了這人生考驗的意義之所在，而她也發現自己不斷地在學習、成長和進步。

她帶著智慧和自信的口吻平靜的告訴我：「或許這就是老天爺給我的人生功課吧！不要逃避、不要拒絕，寫了、做了、交了功課，人生就晉級了，不是嗎？」

她在安寧病房裡大哭：我要活下來！

曾經有一位在安寧病房擔任護理工作的學姐，跟我們分享了一個她照護的病例。一位年輕的女病人，知道自己罹癌不久人世，在住進病房的頭幾天，情緒一直很不穩定。護理人員不斷地陪伴、安慰她，也給予她最周到的醫療照顧。

有一天，這位女病患突然坐在病床上大哭了起來，她哭得很大聲，哭得很傷心，我的學姐不知道怎麼了，趕緊跑去撫慰她，以為她有不舒服或發生什麼事。結果這位年紀很輕的女病人在學姐的安慰和輕聲關懷下，邊抽噎邊流眼淚地

說：「我不要死，我要活下來！」

　　學姐聽到她這麼說，心裡跟著一酸，強忍住眼淚，繼續地安慰她，表達同理感受。聽完故事，我問學姐：「在安寧病房工作，看盡生死百態，請問學姐覺得生命的意義是什麼？」

　　學姐說，這世界有多少人遇到了很大的挫折與困難，他們都勇敢地接受和面對，排除萬難地想要活下來，可是卻有一些人遇到一點困難就自我了結，形成強烈的對比。生命是無價的，真的一定要珍惜。

誰決定我們的生死？

　　從小到大常聽人說「生死有命」，也常聽到一句話「閻王要你三更死，絕不留你到五更。」有時候還聽說某某人怎麼憑藉意志力活了下來，或聽說某人的命是信仰的神保住的，當然也有人會感謝醫生將他從鬼門關搶救回來。

　　活動中我們經常思考一個問題：「生命的存續與終結，到底由誰決定？取決於什麼？」是醫生？是病人的意志力？還是信仰的神？或是天命？

　　綜合大家所言，我覺得生命的存續或終結，至少取決於三個條件：一是醫療的照護；二是病人的身體條件和求生意志力；三是天命或宿命。

　　所以，關注臨終病人的醫療需求差異，不論爭取存續或

自然終結，尊重他對生死的決定，給予妥適的治療與照護，
並維持其生命的品質與死亡的尊嚴，才是最重要的。

我們是不是給醫護人員太大壓力？

　　活動中我也常提出一個思考問題：「一個人的生死既然
取決於醫療、個人意志和天命三個條件，那我們是不是給醫
護人員太大壓力？醫護人員是不是也給自己太大壓力？」

　　有一位護理師告訴大家，國內的醫護體系對基礎的生死
教育並未重視，其實醫護人員應該要接受完整且持續的死亡
教育才對；而且醫護實務訓練無形中灌輸醫護人員「病人活
了是成功、死了是失敗」的觀念，讓醫護人員和一般民眾把
生命存續或終結關鍵都加諸在醫師身上，給醫護人員莫大的
身心壓力。

　　除了加強死亡教育，我建議醫護人員的養成教育中，也
應該加強「人際溝通」與「人文關懷」課程。其實，只要是
面對和處理跟生命有關的服務，這兩項訓練與養成課程就很
重要。

2. 告訴我，該不該插管？

臨終病人在生命倒數時刻裡會出現哪些生理症狀？吃不下東西怎麼辦？有時候把時間、地點和人物都混淆了，要不要緊？該怎麼關心他？有譫妄和躁動不安，要怎麼處置？最後時刻再有緊急狀況該怎麼辦？臨終生理照護重點是什麼？家人該如何減輕臨終者的痛苦？該注意些什麼？

　　臨終病人瀕死前夕，生理會產生變化，每個人的狀況不一，這些症狀都是正常瀕死過程中的一部分，家屬應清楚掌握，但不用太過擔心。醫護或照顧人員或家屬可依其症狀及情況給予照護，務求保持病人的最大舒適感，並將疼痛不適降至最低。

　　臨終醫療和照護，建議病人應重視並主張自己的權利。不管是要堅持到最後，或是順其自然，生命是病人的，當然要由自己決定。傳統多由家人至親做最後決定，反倒難以抉擇並造成困擾。

　　活動中不少人分享親人在最後要不要放棄急救，是很難下的決定。有人說：「不急救捨不得，急救則不捨得。」還有人說：「我們家族中的兄弟們都不太願意簽字，大家推來推去，最後推給長子。」也有人說她簽了放棄急救，結果遭致家族中部分親人不諒解，認為她心太狠，竟然眼睜睜看著

自己父親這樣走了，讓她很難過，壓力很大。

臨終助念

有一位癌末病人，生命末期在安寧病房接受安寧療護。當他感到自己身體狀況越來越差，便告訴家人想「回家」，家人尊重其想法，幫他辦理出院手續，帶他回家。

回家後，病人開始出現瀕死症狀，身體器官出現衰竭的前兆，如呼吸困難、大小便失禁、躁動等症狀，表情顯露不適。家人判斷其時候不多了，便將他安置在大廳中，等待斷氣，並準備辦理後事。

家屬依本身的宗教信仰，請人來幫他誦經助唸，希望藉由宗教力量幫病人靈魂引導及超脫。病人靜靜地躺在大廳中臨時的床架上，虛弱的身軀，臉上表情痛苦，身上也開始發出味道。

期間醫護人員曾與家屬溝通，希望為其進行臨終照護，包括幫病人翻身、做身體清潔與更換衣物，保持病人的舒適感，但都為家屬拒絕。家屬認為，只要全心全意的為其助唸，才是對病人最有益的。

一直到三天後這名病人才過世，死時身體出現四度壓瘡，並瀰漫惡臭的味道。照顧他的護理人員十分不捨和難過，因為，她們知道病人很辛苦、很不舒服，但卻又無可奈何（本故事引自華都文化出版郭慧娟著《生死學概論》第七章）。

爸爸該不該插管？

小李很急切地打了一通電話給好友大明，因為高齡快九十的父親突然肝指數上升，送醫後醫生說如果喉嚨有痰，老人家咳不出來，可能就要插管治療。小李不知道該不該讓爸爸插管，希望經常前往醫院幫人助唸的大明能給中肯意見。

大明告訴小李，李爸爸年事已高，如果插管及做後續急救，可能對爸爸是一種折磨，建議順其自然，別再進行急救。小李覺得好友說的很有道理，他心裡也很捨不得，因為，不急救爸爸可能很快就離開他們了。

小李隨後打了電話給人在美國的大姊，告訴她爸爸陷入昏迷，後續狀況可能不佳，他問大姊：「妳看後續如果需要插管，要不要做？」大姊一聽有點火氣：「當然要啊！哪有做人兒子的說不搶救自己父親的，你很不孝吧！」

掛完電話後，小李陷入了長長沈思。他覺得很猶豫也很矛盾，大明講的其實很有道理，爸爸年事已高，插管、電擊等急救措施，對他老人家很是折磨，但是，不再插管等治療，就要有心理準備，爸爸是一步步走向死亡了。

小李也擔心一件事，爸爸的情況如果急救不知道會不會好轉？如果可能好轉，就此放棄急救，適當嗎？他真的很糾結、很煎熬。還有，如果選擇不急救，家人似乎不能諒解他，可能就此揹上不孝罪名。隔天，當醫院詢問他要不要插

管時，他告訴醫生：「插管。」

半個月後，李爸爸情況逐漸好轉，三個月後康復出院，小李覺得是奇蹟，很開心，打電話給美國大姊：「爸爸出院了，打電話告訴妳一聲。」電話那頭大姊說：「你當初不是說不要急救，幸好有急救，你看，爸爸這次大難不死，還可以活很久。」

小李同樣打了電話謝謝大明的關心，兩人很開心老人家平安出院，但卻也感觸良深。大明沈重地對小李說：「真的很抱歉！當初建議不要插管、不要急救，差點兒耽誤了李爸爸。」小李很尷尬地安慰大明：「你千萬別這樣說，我其實很認同你的建議，那時候我也主張不插管。我覺得是爸爸鴻福齊天，天命未到。我們就都別自責了！」

為什麼不救他？

我的父親生前某次住院時，遇到一位病人，是一位老先生，家屬最後順其自然，拔掉呼吸器，卻引發父親許多感嘆，甚至在病房內痛哭。

爸爸邊哭邊說：「他的家人昨天下午和醫生討論病情，決定拔掉呼吸器，然後晚上就把他推到對面病房內的空病床，那間病房好像沒有人住，他們家人請了一個看護，裝著一個心電圖的儀器，沒有一個小孩來陪他，今天早上他⋯⋯他⋯⋯他就斷氣了。」爸爸說完講不出話來，陷入難過的情

緒中。

我拍拍他的背，拉著他的手，拿衛生紙給他擦眼淚。大概十分鐘，我沒有講一句話，只是靜靜地陪著他。

哭泣告一段落，爸爸又說了：「他有三個兒子、六個女兒，沒有財產，所以沒有人來看他，還要醫生讓他安樂死（爸爸誤以為那是「安樂死」），哪有這樣的！」

「你阿嬤過世以前，因為肺積水，沒有辦法躺著睡覺，都是坐著睡，有一天晚上我陪她，和她背對著背坐著講話，她告訴我，這輩子想盡辦法、受盡委曲，都把我們養到大，每個都活了下來……」說到這裡他又抽噎起來。

不一會兒他接著再說：「那個時候我聽到你阿嬤那麼說，跑遍所有的大廟小廟，到處拜，到處求，希望神明、老天爺保佑，讓她再活三、四年，只要三、四年就好，我拜託神明用我的壽命來換，折我的壽，折多久都沒關係。結果呢？沒有用，一點兒用都沒有。」

爸爸之所以那麼難過，是有所感觸的。第一，他認為怎麼能放棄救治自己的父親，無論如何，都應該醫治到底才對，這樣做實在是太不人道；第二，他感嘆那位老先生可能因為沒有留下財產，所以那麼多的孩子都沒有人來看他，為他感到難過；第三，此事觸動他內心對死亡的某些情緒，所以他那麼難過，以致痛聲大哭。

其實，爸爸沒有完全理解整個情形。這位老先生的確與家人感情不佳，但孩子們還是很盡力照顧他，主要負責照顧

的二兒子曾告訴我，老爺爺住在安養院，院裡很多病人接受插管治療，他因宗教信仰關係，認為死亡是必經之路，氣切插管雖然維持了生命，但這樣的維持意義不大，故仍堅持一般的醫療照顧。他是和醫生討論後，認為父親的情況無法再逆轉，幾番思量後做出的決定。

如果當初不急救……

一位朋友的媽媽十多年前在家中坐著看電視，突然間倒了下去。送到醫院救治，已經沒有生命跡象。

朋友憶及母親，總會說：「我以後不知道有沒有那樣的福分，可以像媽媽一樣『好死』。」講完之後又語重心長地說：「不過，那時候送到醫院時已沒有心跳、呼吸，她老人家那樣老去就好，現在想想……實在不該急救……」

我的父親也是突然無預期地於住院治療時陷入昏迷，由於當時情況不明，原本認為可以很快控制病情的醫生，未掌握好治療情況，在很難判斷爸爸情況該如何處理情形下，加上爸爸緊急出現呼吸困難、喉嚨卡痰等現象，只好先進行插管治療。

插管後，家人緊急討論後續治療情形。由於爸爸生前曾交代如果生命最後不要進行不必要急救，家人很快達成共識，不再進行後續急救治療。

插管後弟弟和我都曾分別在病床前跟爸爸講話，我們

是事後聊天才知道的。爸爸是在半夜三、四點時接受插管治療，弟弟說當天他下午在爸爸耳邊跟他老人家說話：「爸爸，情況緊急，很難判斷如何處理，我們先幫您插管，您別生氣，後續不再進行急救措施，爸！如果時候到了，您就安心跟著佛、菩薩走吧！我們愛您！別擔心我們，大家都會好好的。」

　　我是在爸爸插管後當天上午八點，到醫院探視爸爸，同樣在耳畔跟爸爸說：「爸！一直以為再兩天就出院了，快過年了，真的沒有預期到會這樣，您可別埋怨我們幫您插管哦！」

　　拉著爸爸的手我又說：「您交代的事我們都會一一做到的，您放心！爸爸，如果還可以，您就加油，我們一起回家過年；如果時候到了，爸爸您就放心走吧，我們祝福您！」

　　當天傍晚五點多，準備下班前，突然心中惦念著爸爸，想著待會兒立刻到醫院探視，再為他老人家加油。想著、想著，突然感覺很想跟他說話，竟不自覺地在心中念道：「爸爸！您要加油！如果時候到了，您就放心走吧，我們都會好好的，我們會照顧媽媽，也會照顧好自己。爸爸，我們愛您！祝福您！」

　　沒多久準時下班，車子從辦公室開出約三十秒，弟弟打電話來，告訴我：「姊，爸爸走了！」掛完電話，心中卻很平靜，總覺得自己似乎是有所感，我和爸爸「意念」相通，爸爸聽到我和弟弟說的話。插管後十三個小時，爸爸祥和、

平靜地走了，繼續他老人家下一個生命旅程。

　　在辦完後事沒幾天，元月十五日元宵節那天，全家齊聚一堂，由於爸爸事先曾交代身後事，包含醫療、喪禮，所以一切圓滿、順利。媽媽很欣慰卻也有所感觸地跟我們大家說：「你們爸爸一切都順當，如果那時候不插管就更圓滿。」小弟也說：「對！爸爸很有福報，沒受什麼痛苦，雖然插管，但很快地就順利往生了。」

3. 玻璃屋裡的人

從知道生命即將終結，以至最終過世，病人和家屬都需要一段認知、面對、思考和調適的時間，彼此心情和情緒都會有很大轉折。你知道這心情變化如何？臨終者在不同情緒中需要的是怎樣的陪伴和關懷？臨終病人和家屬間該如何敞開心房溝通？家屬又該如何進入到臨終者的心門內？

　　從小到大，我好奇並觀察身邊親友臨終前的人際互動和心理表現，發現大部分只要獲知罹患重病或生命已屆終期，病人便會進入一種類似「隔離且斷裂」的人際溝通模式。這種遭隔離的斷裂和疏離問題，我覺得有一大部分原因可能是因為社會普遍對死亡的否定、避諱與恐懼。

　　如果要具體形容這種疏離和斷裂情形，我覺得用「玻璃屋內的人」來形容臨終者或許比較容易理解。

　　大部分的臨終病人就好像住進了一個單間的玻璃屋中，雖然外面的人看得到他，他也看得到外面的人，但之間卻隔著無形的一層障礙物，臨終者和照顧者只能照看外表或生理上的需求，內心的東西是很難能關照到的。玻璃屋外的人不容易進入屋內人的心，屋內的人也很難表達或接收到妥適的關懷，缺乏直接有效的良好溝通與互動。

　　這種斷裂和疏離的人際溝通情形，侷限了病人與家屬的

「交心」機會，也讓病人和家屬間錯失了彼此陪伴的質感，致使臨終者無法獲得更深度的關懷，家屬則事後備感遺憾。

當死亡漸漸靠近時

爸爸過世前五年，我是很重要的陪伴照顧家人之一。近身觀察與相處，發現他老人家在死亡前幾年，有些想法與做法，和瀕臨死亡是有關係的。

首先，父親想到什麼就希望馬上做，子女們答應他什麼事，如果沒有在短時間內完成，感覺他會焦慮或有很迫切的期待；再者，他經常會有不預期的類似交代後事的行為；還有便是明顯的在進行「生命回顧」；以及有時候情緒和心情會明顯起伏，但他沒有說出來，或不知道該怎麼表達。

父親對很多事很急切地心理，表現在行為上就是他想要做的事馬上就得幫他做。有時一整天電話不停地打，每次都不把話一次講完，要連續打很多次；子女答應了什麼事，如果沒有依約完成，他就會焦慮不安。

剛開始家人不理解這是為何，感覺很困擾，會請父親不要這樣，以免影響大家工作與生活。我深入觀察並同理父親，慢慢發現，除了年老的生理憂鬱因素外，那些我們認為沒那麼緊急的事，其實就是他的「生活大事」，逐漸地，我能理解，也願意配合他的生活步驟。進入爸爸的生活節奏後，感覺父女倆心更近了。

　　我也開始同理到：以前的他是在社會舞台的正中央，具有很強的活動力，負責養家糊口，可以處理家中大大小小的事，也可以隨意外出去找人講話和聊天，想做什麼事就可以做什麼事。但是現在的他，就像「玻璃屋內的老人」一樣，看得到外面，卻被一層透明玻璃隔住了，他出不去的，他無法再那麼隨心所欲的跟外界取得連繫了。

　　慢慢地我也發現，爸爸之所以想到什麼事就馬上要做，是因為他感覺自己離死亡很近了。因為死亡的逼近感，讓他產生死亡焦慮，之所以「急著」做很多事，那是他對於死亡靠近的因應之道。

　　另外，爸爸也出現類似不預期「交代後事」或預約做什麼事的情形。他會在過年前一個月就準備好要給孩子們的紅包，詢問他那麼早準備做什麼？他會回稱：「又不知道能不能活到那個時候？先包給他們好了。」隨著他的年紀越來越大，他包紅包給小孩的時間就越來越早。

　　例如，我的二姪女六月中旬生日，他會早在幾個月就把生日禮金包好，並交給我的二姪女。二姪女不知所措，直嚷著：「爺爺！我的生日還要三個月吧！你也太早包給我了吧！」我趕忙將紅包先代保管，並告訴二姪女生日那天我請她吃飯，再把代管的紅包面交給她。

　　我也慢慢地知道，他之所以常常想到什麼就要打電話，是因為「電話」已成為他跟外界連絡打交道的重要媒介。他沒有辦法隨心所欲地出去找人聊天，只能靠電話和外界連

繫；而他之所以會連續打個好幾通，是因為他總是忘記自己
要講什麼，掛完電話後，又想到有話忘了說。

　　另外，我還觀察到，他之所以什麼都要管、都要唸一
下，是因為他再也「掌控」不到許多事，但是他又想「掌
握」些什麼，所以他常常問東問西，問了他才能知道，才能
「掌握」家人的動向和外面的資訊。

　　爸爸有時候會突然跟我說，他想到以前的某一件事，他
覺得他很後悔什麼事，或是難過什麼事，或是想到某事很開
心，明顯地在進行他的生命回顧。

　　但某些時候，爸爸的情緒和心境有轉折，卻感覺他的
心情並沒有表達出來。而家人有的沒有注意到，有的不以
為意，似乎大部分家人對爸爸的照顧比較偏重在身體及生活
上，心理和靈性的陪伴與關懷很缺乏，或許說是比較忽略，
而忽略並非故意，是不知道該如何適切陪伴與照顧。

　　當時的我，對於臨終的心理與靈性陪伴，一知半解，
雖然跟一般人比，做得算是多了些，但爸爸過世後，我一一
回想，慢慢發現，若要提供高品質的臨終關懷，臨終者以及
照顧者彼此都必須先破除心理對死亡的避諱與恐懼，照顧者
則要有清楚且正向的死亡觀念，否則很難達到一定的關懷效
果。

為什麼不給我吃爌肉？

爸爸生命最後幾年，因多次中風和心血管疾病，家人和看護在飲食上特別注意，一律養生、少鹽、少油，可謂十分仔細，務求提供爸爸最健康、妥適的飲食照顧。

有一天，爸爸看我回家，帶點兒怒氣地叫了我：「阿娟，你們大家都不讓我吃我愛吃的、想吃的，那我活著還有什麼意思？」「我真的很想吃爌肉，你們現在不給我吃，是要等到我死後，才供在靈前給我吃？」

聽完爸爸講的這番話，我頓然無語，心中卻有點歉然。是啊，我們都太重視養生和健康，求的是活得長、活得久、少病痛，雖然並沒有錯，但是卻因過分堅持重視，而忽略了老人家心裡想吃的是什麼，甚至在他要求時也斷然拒絕，難怪他會生氣。

生命的尊嚴和品質，除了生理上的，心理的部分也要兼顧，那麼，病人的欲望、病人的興趣、病人的口腹之欲、病人的食物喜好，都應該適度的滿足，不是嗎？我們家人對爸爸的照顧表面上是周到，實際上卻忽略了心理層面的需求。

我關心地問爸爸：「媽媽和看護是為您好，您別生氣啦！那您想吃什麼，我現在就去幫您買，讓您吃到開心。」爸爸說：「好久好久了，我好想吃爌肉，有一點兒肥的那種。好懷念哦！」

我又跟爸爸說：「可是太肥怕您血壓又升高。肥到什麼

程度？一點點還是要肥瘦各半？」爸爸說：「一方面是真的想吃，很懷念那味道；另一方面是長時間吃藥，又都吃少油的食物，胃感覺不舒服，吃點油的會舒服一點。」

聽完爸爸說的話後，我立刻買了肥瘦各半的爌肉回來給他吃。他很開心，邊吃邊說：「好！好！好！」自此一直到父親過世，我開始改變以往的飲食照顧方式，以爸爸愛吃和健康養生融合並兼顧，有時候還會很主動的問他：「有想吃什麼要說哦！有說才吃得到哦！」爸爸總會會心一笑。

我知道，爸爸對我能體貼到他心裡的感覺，很高興、也很滿足。更開心的是，我懂他想什麼、要什麼，並且滿足了他內心和口腹上的需求。

4. 我的遺願清單

活動上很多人問：何謂靈性關懷？「靈性」指的是什麼？能
具體說清楚嗎？是宗教信仰嗎？如果沒有宗教信仰的人如何
關懷？一般靈性關懷該如何做？臨終者可以意識到自己的靈
性需求嗎？該如何達成或獲得滿足？

　　很多人問：「臨終病人的靈性需求是什麼？聽起來很籠
統。要怎麼陪伴或關懷？」

　　臨終病人的靈性內涵，具體來說包括：一、病人須完
成一生的生命回顧，思考並面對、承擔好的與不好的總總；
二、病人要體認自己生命的意義何在，這一生到底過得有沒
有意義，完成自我面對與認同；三、正面面對死亡與做好身
後準備；四、夢想或自我價值有沒有實現；五、宗教信仰有
沒有落實實踐，以及認同並接受其指引死後生命的去處。

　　臨終病人的靈性需求會因人而異，個別差異很大。一般
來說，病人需要的是溫暖、友好、同理、沉默、能互相溝通
和聊談的關懷與陪伴。關懷者或陪伴者可以用這樣的心態陪
伴：「我能幫你做什麼你想完成的事？」、「沉默而真心的傾
聽」、「我在你生命裡」或「我能分享你的靈性體悟」、「我
懂你的生命意義的轉變」，甚至「以病人為師」，以無私的愛
和真摯的關懷心，陪伴病人走完生命最後一程。

大多數人臨終前最後悔的事

人在臨終前會回顧自己的一生。回想自己這一輩子什麼事做對了？什麼事做錯了？什麼事很有意義？什麼事很遺憾？什麼事該做沒做？什麼事錯過了？什麼事可以做卻沒勇氣做？什麼事不該做卻做了？什麼事該做卻沒有去做？

國外有一位叫Bronnie Ware的護士，她在病床前聽到很多臨終病人向她傾訴這一輩子最後悔或最遺憾的事。她發現，大多數人臨終前會感到遺憾或後悔的，大概可分為五件事。

第一件事「希望當初有勇氣過自己真正想要的生活，而不是別人要自己過的生活」；第二件事「希望當初沒有花這麼多精力在工作上」；第三件事「希望當初能有勇氣表達自己的感受」；第四件事「希望當初能和朋友保持聯繫」；第五件事「希望當初能讓自己活得開心點」。

人生永遠得面對「決定」和「選擇」。很公平的是，沒有一樣決定是一百分。也沒有一種選擇只有「得」沒有「失」。要得要失必須自己衡量、自己評估、自己做出決定。當然，「後果」也要自負。

我覺得Bronnie Ware說的這五件事，歸納出來就是「愛」、「付出」和「珍惜」，不是嗎？勇敢地認識自己、面對自己；真誠地面對自己的感情、伴侶、親人、朋友、生活方式和工作；過自己真正想過的生活；坦然面對生活中因

選擇和決定帶來的得和失；多陪伴家人和另一半；盡可能讓
自己開心一點，這才是最真實且不會後悔的人生。

遺願清單

　　英國一名21歲癌症末期女子，知道自己生命只剩數月時
間，便為自己製作一份「遺願清單」，列出臨終前想為自己
和家人實現的心願，包括與偶像見面、開單身派對以及和家
人去海邊等等。這名女子一一地逐步實現她的臨終遺願，也
打動了無數英國民眾的心。

　　現年21歲的斯蒂芬妮・奈特（Stephanie Knight）是
在17歲時罹患骨癌，醫生診斷她的疾病已經到晚期，生命可
能只剩數月的時間。為了讓生命無憾，奈特為自己製作了一
份「遺願清單」，列出臨終前想為自己和家人實現的多項心
願。儘管呼吸困難，行動也只能依靠輪椅，奈特依然樂觀且
積極的實現自己的心願。她的故事經媒體報導後，引發了無
數關注和省思。

　　奈特逐一實現她的遺願。偶像流行樂手蓋瑞・巴羅前往
她家，在客廳為奈特即興演唱；奈特舉辦了自己的單身派對；
幫父母慶祝結婚紀念日；現場觀看崇拜已久的魔術師迪納摩的
紙牌魔術；以及專程拜訪了哥哥最喜歡的足球隊等等。

　　另外，奈特還著手成立「史蒂芬妮的願望」慈善基金，
用所收到的捐款幫助更多18至24歲的癌症患者。奈特說：

「如果可以給人們一點建議，就是不要把生活看得那麼嚴肅，去嘗試並且享受每一分鐘。」

不同的生命階段都有不同的生命風景，即使是在生命的最後短短時光，都要珍惜當下，享受當下，並且珍愛身邊的人。這才是正向的生命態度，也才不會留下遺憾（本故事引自華都文化出版郭慧娟著《生死學概論》第七章）。

安寧病房內不可思議的神聖境界

曾經有安寧病房團隊表示，某些臨終個案，在癌末病人的身上會呈現一種接近「神聖」的境界，凡進入這個氛圍領域的人，會產生精神或心理上的感悟，而深受震撼。以下故事便是最好的例證。

有一個癌末病人，因為病情嚴重，醫石罔效後被移往安寧病房照顧。這位病人的下肢全部被切除，腰部以下長滿淋巴腫瘤，以及非常大區塊的褥瘡傷口。他只是一般的癌末病人，不是智慧大師，從來不曾講出什麼非常有智慧的話語，也不是什麼高尚的道德家，也沒有特殊的模範懿行。

這位病人和一般人一樣，很害怕死亡，也會發脾氣，一樣很依賴醫護人員及志工們的照護，但是很奇特的是，所有接近他的照護團隊人員都會產生不同的心理震撼與改變。

一般來說，讓醫師、護士、志工、心理師或神父等人感受到震撼或改變的病人，如果不是很偉大或很令人尊敬，應

該也是有類似宗教之類情懷的修為之人。但這位病人完全沒有這樣的特質和表現，唯一能夠確定和說明的是，在這位病人身上，找不到城府或期待或算計之類的東西。

他沒有什麼要求，是個非常單純的病人。不特別依賴宗教，也不要求家人來照顧他。他對這個世界毫無要求，沒有期待，表現出來的是極為純真、毫無污染與算計的「真空」狀態。

和這位病患接觸的照護團隊、醫生們，在治療期間因此哭泣，護士照料他後因之懺悔，志工接觸他後有所啟悟，原本會說教的神父也不再說教，心理師則發現沈默的奇妙，而師姐則啟發自覺的成長，所有接觸他的人都自然地受他影響，但大家卻又說不上為什麼。

舉例來說，照顧他的護士在照顧他後，發現自己開始學習褪去衿持與驕傲，學習用謙卑與微笑面對尊重生命的人；陪伴他的志工師姐看到他的脆弱與憤怒，覺得憐惜他，並產生想保護他的心理，即使他對自己發脾氣，也不生氣，反而更心疼他。

另外一位志工則因為陪伴這位癌末病人，也啟發和改變了她和家人間的關係。她說，以前和家人打電話時，家人問她什麼事，她總是說沒事啊，但是在接觸這位病人後，她再打電話回家後，家人問有什麼事時，她會很自然地說打電話就是想你們呀。

國內有越來越多的醫護及心理、神職及志工人員投入

臨終安寧療護工作，幫助了許多癌末病人及家屬，但是他們也從這些癌末病人身上體悟到很多更高精神層次的給出與交流。我想，生命的意義和死亡的意義其實都在這個神聖的地方凸顯出來了。人活著是很有意義的事，而面對和經歷死亡同樣也是很具意涵的，不是嗎？

5. 別忘了溫馨送行

臨終瀕死時刻，時間很不一定，有的病人很快故去，有的時間較長，無論如何，保持臨終者身體舒適，溫馨安靜的環境，能讓重要親友與之有親密互動空間是很重要的。很多人問：最後那時刻除了禱告或誦經助念，我們還能做些什麼？

臨終病人在瀕臨死亡至被宣告死亡這一段時間，格外重要，至親們宜把握「送行」的黃金時間。這最後時間是臨終者和至親最後的生命互動寶貴時光，更是家屬盡孝道、表心聲的重要時刻。

臨終者在瀕死前身體和精神上都會有變化，生理上醫護人員或家屬宜保持其生理舒適感，注意病人的臨死覺知，更應把握機會，以肢體、語言和意念傳達對臨終者的關愛、感謝、祝福和告別之意，讓臨終者帶著滿載人世間最真摯的祝福，放下這一生的恩怨情仇，沒有遺憾、平靜、安詳的離開人世。

父親要斷氣了，子女全在病房外等

爸爸曾經告訴我一個病房裡的故事，那故事令我聽來覺得不捨。

　　爸爸說那次住院他住在四人一房的健保病房，某天大約晚上十點左右，同病房的其他病患和照顧親人都一一離開病房，在他對面病床的病人門簾內傳來念佛機的誦經聲，之後每隔一段時間就有人進來，進進出出的掀開對面病床床簾，看一下後又離開。

　　就這樣大約三十分鐘後，病房外面又有一個人開門進來，走到隔壁放唸佛機音樂的病床，再走出去，接著多位家屬也都進來，在一番「處理」過後，病床推了出去，其他病床的病人和家屬也都回來了。

　　爸爸說，那位病人是位老先生，同房病床的病人和家屬知道他「差不多」了，都紛紛走避，病人的家屬放棄急救，家屬便放著佛樂，可是子女都跑到外面去「等」，一會兒就進來看，就這樣進進出出的。我問看什麼？爸爸看了我一眼：「看他有沒有斷氣。」

　　我沒有很驚訝，先問爸爸：「那你怎麼沒有想走避呢？」爸爸又看著我：「我腳痛呀！而且那也毋需迴避。」爸爸說，人生就是那麼一回事，醫院裡面常常有人會走，有什麼好怕的，沒有人陪他，我就陪陪他吧！

　　死亡真是那麼避諱的事嗎？親人死亡不是應該子女家人全守在身邊嗎？那位老先生真的是寂寞而終，幸好還有我爸爸陪著他，可是還是令人很不捨。老先生的家人錯失了生命中最重要的「送行」良機，原本可以是很溫馨的親子最後互動，卻落得孤單寂寞地死去。而這時機卻只有一次呀！

臺灣死亡咖啡館
故事版

親人臨終前我們可以做什麼？

　　活動中，很多人都說，親人臨終前，感覺不知能做什麼？很希望能為親人做些事。

　　我憶及曾有一次，大弟妹打電話給我，提及同事的小孩因腸炎在南部某家醫院加護病房，醫生說病情不樂觀，可能隨時都要有心理準備，問我是否知道有什麼有名的廟宇能夠求神問卜或點燈祈福，幫助同事及小孩度過難關，其他也不知道能做什麼了。

　　一位朋友的侄女因為新流感住進北部醫院加護病房觀察，醫師告知病情無起色，可能來日無多，朋友的哥哥十分傷心，打算將孩子轉回中部醫院，等待最後的日子到來。朋友希望能幫上一些忙，卻不知道該做些什麼，因此打電話問我，是否能盡一些心力，做一些事，幫助自己的侄女，走完人生最後一程。

　　一位長輩罹患肝癌，醫生告知家人可能活不過半年，每次做完化療，這位長輩總是痛得生不如死，身體虛弱得不得了，有一次，他忍受不住那種椎心的刺痛和身體病痛的摧殘，硬拉著老伴要召來計程車，一起到台中港跳海，他鬧著不想再活下去了。

　　後來我去探望這位長輩，閒談中發現，這位長輩似乎還不知道自己真正的病情，他和老伴還滿心以為只要定期化療就可以治療肝病，而他們的子女除了陪伴治療，盡量讓父母

安心外，也不知道能夠再做什麼。對他們來說，父親能活多久就算多久，生命似乎已漸漸進入倒數了。

在面臨親人死亡的當下，驚慌、失措、希望能為他們做些什麼，希望找到某種安定力量和引導，很明顯的是瀕死者和身旁親屬最大的需求和渴望。當死亡靠近的時候，臨終者往往進入某種「孤立」的狀況，在這種敏感又艱澀的時刻，很多人不知道該如何接近病人，彷彿死亡會形成某種人際隔閡，病人和死亡站在同一個方向，而活著的人和生活又站在同一邊，好像有一條線就這樣自然地劃了開來，線條明顯又分明，讓線條兩邊的人顯得尷尬和無措。

其實，當死亡已經靠近的時刻，接近死亡的人，無庸置疑的，一定會很需要關懷和陪伴的。關懷越真誠、越具深度，絕對有助於臨終者的心靈安定，對他們面對死亡也絕對有正面的幫助。

我告訴姪女住進加護病房的朋友，建議他的哥哥，在陪伴女兒的每一時分，就以最真誠、最無私、最慈悲的心情陪伴，不斷地祝福她，如果有任何宗教信仰，就以自己所信仰的宗教為她祈禱祝福，最重要的是，清晰且明白地告訴她，對於家中以及人世的一切都要放下，這個塵世的一切都已圓滿，此生的任務已經完成，勇敢而且放心地離去，開始另外一個生命旅途。

另外，我也建議朋友，讓所有來病床前探望她的親友，可以的話都和她說話，告訴她大家都很關心她、支持她，要

她放心，真誠地為她誦唸佛號或祝禱（依個人信仰），給她最大的信心、力量和祝福。因為一個人去世時的心境是很重要的，如果能在死亡時，心中沒有什麼欲望和牽掛，靈魂才能清明無所罣礙。

我也將同樣的話語告訴我那位長輩的小孩，他們覺得很新奇，因為從來沒有聽過，但是聽完後，頻頻點頭，好像獲得了某種善知識般，最重要的是，他們終於知道自己可以為長輩做些什麼了。

其中一位長輩的小孩問：「那在父親過世斷氣之際，我們又能做什麼？」我告訴他，你們家人可以全部環侍在床旁，一一地跟爸爸做最後道別，可以道愛、道謝、道歉、道別或進行和解，可以說讓他安心的話，要他別再牽掛；跟老人家說話時，可以非常輕柔地撫摸他或輕輕按摩肢體，邊說邊以肢體溫馨互動。

全部至親都輪過一輪後，大家可以全體為老人家集氣祝福，依各人宗教或家庭宗教信仰祝禱或助念，最後時刻可以全體子孫握著老人家的手，用最至誠的心為他祈福，讓老人家在至親至誠的集體祝福中安心離去。

這位長輩的小孩聽我講完，眼淚不自覺地流了下來，不斷地點頭道：「謝謝妳告訴我，我們都不知道可以做這些事。聽起來好溫馨，爸爸在我們的祝福聲中離去，會感到幸福、安詳和放心的。真的謝謝妳！」

溫馨小提醒

臨終的靈性關懷，具體實現可以做到以下事項：

一、病人完成從小到大的生命回顧，包括人際、親情、事業、朋友、挫折、成功、所有回憶，都須一一面對、承擔與擔當。在臨終前完成道謝、道歉、道愛、道別，以及人際和解。

二、病人要體認自己生命的意義，反省自己這一生到底過的有沒有意義；什麼事有意義，什麼事錯過了，完成自我面對與認同。

三、正向面對死亡，接受生命的終結是自然的，並做好身後準備，包括醫療自主決定、財產囑咐、身後事決定及交代、及想向家人交代的話或事。

四、儘可能完成這一生想實現的夢想，或自我價值的實現。例如：完成著作、完成畫展、完成對個人生命有意義的事等。

五、實現個人宗教或信仰價值，在臨終階段認同並接受宗教或信仰所指引死後生命的去處。值得注意的是，除了有宗教信仰者，有的人一輩子信仰的不一定是宗教，而是一種價值信仰，如忠心、誠信、清白踏實等，還有某些人是無宗教也無其他價值信仰，這其實也是一種「信仰」。

{ 第三篇 }

當死亡來臨

幾乎每一場活動都有人討論喪禮，有人說：「我們的喪禮很荒謬、很好笑、也很奇怪。」「我們的喪禮都是『拿香跟拜』，沒什麼意思，家屬的實際參與不多。」也有人說：「很多儀節不知為何而做，意義何在？沒人跟我們講，就是照做。」「殯葬業者安排的流程和儀節都差不多，會一直鼓吹這個要做、那個也要做，做越多越孝順……真的嗎？」

　　更有不少人慨嘆道：「喪禮過程有時候叫我們哭，可是哭不出來；有時候說不能哭，但就是很想哭。哭能這麼隨心所欲嗎？」「喪禮告別式上只重視親屬名分，不管實際親疏關係，某些感情真正親近的親友無法參與主祭，常造成遺憾。」

　　由於忌諱死亡，一般人生前多避談身後事，臨終之前擔心觸霉頭，更不願討論或安排身後事，以致喪禮的安排多於死後任由宗族長輩、家人或喪禮服務人員代為規畫和執行。

　　活動中，我一次次地問大家：「我們為什麼不自己決定身後事？為什麼要交給他人處理，造成別人的困擾？」「生前自己好好想想，我要如何辦理，要用什麼樣的宗教儀式、選哪一張照片做遺照、要邀請哪些人、用什麼葬法、要不要收奠儀、要不要發訃聞、要不要誦經、想請誰處理……等等，自己決定、親自交代清楚，這不是很好嗎？不是省得子孫家人意見不合，又能貫徹自己一生的自我實現與信仰，多好！」

1. 大家對喪禮的印象

我們擁有豐富的喪禮文化，但大家了解它嗎？為什麼我們會不清楚？喪禮和儀節有什麼功能？我們透過喪禮處理了什麼事情？喪禮中的什麼事情是處理不好或處理不了的？我們對喪禮有什麼負評？為什麼會有這些負評？是儀節本身有問題還是處理的人有問題？我們又希望怎樣的喪禮？

　　活動中許多人談及對喪禮的看法，發現普遍的印象是：恐懼且禁忌、悲傷並負面、灰暗又陰沈。事實上，臺灣的喪禮文化饒富意義，甚至保存很完整，只是隨著時代變遷，某些作法沒有隨著社會需求被重新詮釋或賦予新義，如今面臨被大家汰棄的局面，實在可惜。

不一樣的爺爺

　　有一位參加活動的朋友跟大家說，她對喪禮有一種害怕、恐懼的情結。她覺得這種恐懼來自於小時候看見躺在正廳棺柩中的爺爺所致，爺爺穿的壽衣讓她感覺「這不是她所認識的爺爺」。

　　她說，那時的她才五、六歲，對於死亡的印象是「不會動了，就是死了」，她只覺得很奇怪，為什麼爺爺要一直放

在大廳？她每天都得繞過爺爺的棺柩，看一眼爺爺，感覺爺爺好陌生，好像不是她平日覺得親切的那位爺爺。

問她為什麼會感覺陌生，是因為他不動了嗎？她說，不是的。後來長大慢慢回想，才知道自己害怕的是穿著古裝壽衣的爺爺。她跟大家說，爺爺雖然躺在棺柩中，如果穿他平常穿的衣服，就像睡著，但穿上那清朝衣服和瓜皮帽，感覺就增添許多神秘並且可怕的色彩。

這位小姐還說，她發現長大後，自己對喪禮一直有無名的恐懼感，說不出來的害怕。我引導她自我檢視害怕的到底是什麼？是失去爺爺的焦慮？還是對死亡的恐懼？或是爺爺被放入棺內並置於大廳的感覺？抑或整個喪禮的處理連結死亡的印象？

她說，她覺得是「壽衣」給她的感覺。因為壽衣的顏色和圖樣，藍色系又一圈一圈的，與電視上殭屍片穿的衣服很像，連結到死去的爺爺穿上它，就把「死亡」與鬼怪連結起來，讓她對喪禮產生莫名恐懼，並且很怕以後再為家人辦喪事時又得面對這樣的畫面。

我告訴大家壽衣的由來，有多種說法，其中一種說法是相傳因吳三桂投降清朝時，曾說「生時穿清服，死後穿明服」，清朝統治者為滿人，一般百姓為漢人，基於反清復明的想法，以及不願意穿著異族清人的服裝，所以身後穿著明朝的衣服入殮、安葬。民國後，局勢混亂，經歷了軍閥、抗戰、國共戰爭，加上國人避談死亡，許多喪葬習俗沿用至

今，一般民眾都認定死後就是要穿這種古式的衣服，也就是現在我們常見的壽衣。

還有一種說法是：穿著這種舊時衣物，在人過世後，比較方便和已經去世的長輩相認，因為家族的長輩們穿的也是這種舊款衣物。

聽完我的說明，大家也給她許多建議和回饋，透過團體的分享，這位小姐說她未來比較有勇氣面對喪禮了。

很多人也說，以後不會選擇這種舊時代款式的壽衣。有人想選擇正式的西裝，也有人指定穿生前最喜愛的衣服。其實，身後要穿什麼衣服，自己是可以決定的，若本人沒有交代，家屬也可以彈性的做選擇。

辦完喪禮更悲傷

還有一位參與活動的朋友則分享她不愉快的喪禮經驗和感受。

小如母親過世，照一般流程辦了喪禮。原本一切都還算順利，但當辦完告別式，將遺體送到火化場火化時，小如看到了停放在火化場內小靈位祭拜區旁邊沿路走廊上等待火化的一具具棺柩，心情很沈重，感覺很不捨。

禮儀業者跟小如和其家人說，「因為火化爐具有限，等待火化的遺體不少，走廊上都是等待火化的遺體，恐怕要到晚上了，妳們是不是先回去，等到火化後再通知妳們來領骨灰。」

隔天上午，小如和家人接到通知，趕到火化場，一經查詢，竟然發現前一天因為無法排入火化，遺體到早上才進行火化。

小如和家人驚覺媽媽前一晚孤零零地一人在火化場內等待火化，眼淚立刻潰堤而出。她很生氣也很不解：「為什麼會這樣？」喪禮過後，小如一直無法釋懷，一想到這個事，就很難過，甚至還會忍不住哭出來。

最重要的外人

另外一個故事是，一位小姐，她和外婆感情最好，從小就是外婆把她養大，外婆亦如媽媽，是生命中最重要的人。在她二十多歲時，外婆因病去世，讓她很是傷慟。

但讓她最難以釋懷的是，在外婆的喪禮過程，她因為是「外姓」，從頭到尾都不是主要參與喪禮的主要角色之一。什麼都沒她的份，她想要盡孝、盡哀的機會都沒有。

她說，明明我是和外婆最親近的人，外婆最牽掛和放不下的人也是我，可是主祭是表兄弟們，主要家祭和做七、做功德的人都沒有我，她一直問：「為什麼會這樣？我不是重要家人嗎？」

她說，喪禮結束後很久很久，她仍然無法釋懷，甚至覺得更哀傷。她說，她永遠都會記得：自己是外婆喪禮中被忽略的「最重要外人」。

死後無家可歸的姊姊

小鳳在家排行老大，下有四個弟弟，年輕時幫忙父母扛家計，蹉跎了青春歲月，曾經談過兩段感情，雖曾論及婚嫁，卻因種種因素錯過姻緣，最後仍終身未婚。

因為是長姊，小鳳猶如媽媽般，從小幫著父母照顧四個弟弟，一生為家庭奉獻。弟弟們也都很敬重這位大姊。

兩年前小鳳就醫檢查出罹患肺腺癌，經過化療，病情曾一度控制，最後仍因癌細胞轉移，60歲這年不治，家人都感到十分不捨。

在討論辦理後事時，家族中的長輩們先表達看法，大姑母說：「依照傳統習俗，未嫁的女兒死後是不能入祖先牌位，一般是放到寺廟，而且80歲的老媽媽也不能送行（依傳統例長輩不送晚輩），甚至還要「損棺」（棺木發引前由仍在世長輩手持枴杖敲打三下，責備早逝未盡孝道之意）。」

媽媽雖然傳統，但心裡卻是捨不得這個女兒的。想到她一輩子都為這個家付出，死後還不能「回家」，骨灰和牌位都得放在寺廟裡，自己還不能去拜她，（長輩依例也不拜晚輩），便相當不捨。

小鳳的弟弟和弟妹們知道母親難過，他們也不能理解傳統禮俗為什麼排除未婚女性入家祠。經請教家族中年長長輩及喪禮服務人員，才知道傳統認為未婚女性若入家祠與禮制不符，也會分掉福分，因此多不奉祀祖先牌位內。又若家中

還有長輩，更不能將神主牌位奉祀家中。

小鳳的弟弟、弟妹和侄子、侄女們認為：姊姊（姑媽）生前對家人無私奉獻，死後不但不會「搶福分」，還會繼續庇佑家人，有意改變傳統作法，想將她的骨灰罈放到家族塔位，同時也想奉祀家祠。

家族長輩認為這樣做於禮制不符，二叔也持反對意見：「沒聽說過有人這樣做，你們要三思呀，放進去了以後再要拿出來很麻煩。」大姑母也說：「這樣違反傳統，妥當嗎？大家要想清楚才好。」

另外，對於小鳳的喪禮和告別式的舉辦方式，家人也有許多討論。長輩們說小鳳沒有子嗣，依例長輩也不送晚輩，喪禮儀節簡單即可。但小鳳的弟弟、弟妹和侄子、侄女們卻不這麼想，認為應該好好送她一程，畢竟她為家族貢獻一生（此故事引自內政部2016年出版《喪禮v.s人權干誰的事？》手冊）。

類似小鳳這樣的案例是不少的。傳統沒有結婚的女性，多在過世前先尋好寺廟安置骨灰和牌位。生前無論如何孝順，如何貼心，如何顧家，死後必定被「趕出家門」，無家可歸。試想：這對向來重視人倫、仁厚及親情的我們來說，是不是很不可思議、很殘忍呢？

喪禮其實是有功能的，藉由喪禮的殮、殯、奠、葬、
祭的過程，不但處理了亡者的身、心、靈，也凝聚了
親族家屬們的感情，讓家屬們在喪禮中盡孝、盡哀，
並表達對亡者的思念、愛意、感謝和一生的奉獻與肯
定，真實面對並接受亡者死亡事實，有助於家屬爾後
順利走出喪親悲傷，開始重新的生活。

說實在的，我們的喪葬禮俗文化是很豐富的，如果因
為不理解而汰棄它，實在可惜。但是，為什麼沒有人
用心地將之有意義的重新詮釋，發揚光大？為什麼禮
儀業者沒有用心地引導和教育家屬各儀節的意義和功
能？為什麼我們大家也不稍微用心理解？或許，我們
都該加油！

2. 喪禮的主角是誰?

我們為什麼不自己決定自己的身後事?為什麼要交給他人處理,造成別人的困擾?自己決定並交代清楚有困難嗎?喪禮的主角究竟是誰?如何辦理才是最尊重亡者的?家屬又應扮演什麼樣的角色?是主導者還是送行者?

　　每一場活動中當我問大家是否可能自己決定自己的身後事,大家的反應和回饋都是正面的,很多人贊同自己的醫療自己決定,自己的身後事自己決定。

　　為什麼要自己思考、自己決定?因為生命應有自主權,而這種自主權代表著個人意志的彰顯。一個人的生命價值與意義,本應由自己貫徹實踐,身後事的規劃和安排,也包含在其中,如此才能讓生命真正畫下圓滿的句點。

爸爸的骨灰

　　彰化有一位老先生,有四名子女,生前與長子同住,由長子一家負責照顧。

　　這位老先生曾向長子提及身後想火化並灑葬的心願,但長子不忍聽到老父交代後事,連忙安慰老父:「您不要想那麼多啦!好好養病。」好幾次,王老先生沒有把想交代的話

說完便被打斷。

老先生過世後，所有子女都回來了，大家共同討論如何辦理父親的後事。長子想到老父親生前曾幾次提到骨灰要灑海的交代，便向弟妹們說：「爸爸生前什麼都沒說，只提過想火化並將骨灰灑葬。」

一聽到長兄的話，大家紛紛表達意見：「骨灰用灑的，要灑在哪裡？灑了以後呢？骨灰灑了就沒有了，你們知不知道？這是很嚴重的事，不能亂來哦！」「哥哥，阿爸生病病到昏頭了，隨口那麼一說，大家可不能當真。」「這有風水問題，用灑的太隨便。」「以後子孫不順的話誰要負責？」「以前怎沒聽說阿爸有這樣的想法，他是認真的還是隨口說說？」

這位長兄看大家都反對，接著解釋道：「雖然爸爸沒有說得很清楚，但我想，他可能不想造成我們的麻煩與花費，也覺得身後簡單就好。」

大家還是有諸多疑慮：「誰家會這樣做？爸爸要嘛土葬，要嘛火化進塔，清明才能掃墓，兒孫才能祭拜。要真灑了，我們清明節上哪兒掃墓？以後怎麼拜？」「對啊！人家都很重視風水，隨便灑了，以後影響子孫前途和健康，後果誰來承擔？」「我看找個環境風水不錯的墓園，費用大家分攤，若真不足有能力的多分擔一些，重點是要慎重。」

看到大家意見一致，完全反對，老先生的長子也很無奈，拗不過大家的決定，最後大伙兒看了幾個離住家較近的

納骨塔，擇定一處環境幽美寧靜的納骨塔，將老先生遺體火化進塔。

辦完喪禮之後，這位長子心裡一直很不安，也覺得很遺憾。他不斷地憶起生前爸爸跟他講的話，一遍遍地回想，越發確定爸爸是在交代後事。他的態度是認真的，不是隨口說說，內心實在很懊悔，當時若讓爸爸好好把話說完就好了。

三個月後，他實在受不了內心的煎熬，私自做了決定，打電話給殯葬業者，將父親骨灰出海灑了。但這樣的做法卻又瞞著弟妹們，每次面對弟妹家人，心中同樣十分愧疚。

用「擲筊」詢問身後事

爸爸過世前我曾藉由論文「訪談」機會，與爸爸談及身後事處理方式，因此，我們全家都很清楚爸爸對自己身後事的想法與期望做法。爸爸過世後，這生前的「殯葬自主」讓我們省掉很多麻煩，同時也讓我們大家很安心。

爸爸當時很清楚地告訴我，過世後要用何種葬法、要用哪一張照片、要穿什麼衣服，喪葬儀式及做法哪些是要的，哪些則不要，要連絡哪些人，要不要收奠儀……等。

從父親過世到辦完喪禮，我打從心裡感謝爸爸，也慶幸自己當時有「想辦法」（用訪談機會）和爸爸談身後事。許多家庭得一項一項去討論和協商的事，我們都不用傷腦筋，因為爸爸自己都囑咐了，我們只要照做就可以。

爸爸的身後事交代中，讓我印象比較深刻的是，爸爸說他不希望我們請人（意思是花錢找不認識的人）幫忙誦經。爸爸說如果真要誦經，他希望是我們這些家人親自為他誦唸。他認為，家人親自誦唸比較有意義（祝福的意義），這我們家人是很認同的，當然，我們也照做了。

另外，爸爸也特別交代身後骨灰要用灑的，但卻沒有談到要灑在哪裡，主要是因為當時樹葬區不多。我們全家到大坑歸思園看過樹葬場所後，弟弟把葬區六個不同樹種區一一以「擲筊」方式詢問父親，並且順利依父親「指示」選到他老人家「喜愛」的葬區。

對生前沒有交代或囑咐的事，很多人確實只能用「擲筊」來請問或確認；可是，如果可以的話，親自面對面溝通、說清楚，並能理解心中的想法與期待做法，還是最圓滿且令人安心的。

一個人出席的告別式

這是我發想並撰寫的一個喪禮小故事，內容結合了幾個真實故事。

在菲律賓生長、家境小康的瑪麗雅，25歲那年透過朋友介紹，認識前往菲律賓工作的阿中，交往後結婚，隨阿中定居在臺灣。兩人雖然相差10歲，但日子過得還算平淡幸福，婚後2年生下女兒小寶。

　　一年多前，盛夏某天一早，阿中趕著外出上工，就在半路上，騎機車的他被一輛正準備轉彎的大卡車撞飛，在送醫途中沒有心跳，經過急救仍回天乏術。

　　突聞噩耗的瑪麗雅，頓失依靠，完全無法承受這晴天霹靂，頭兩天整個人渾渾噩噩，睡不著、吃不下，麻木無知如行屍走肉。等到意識到阿中真的走了，該打起精神為他辦後事時，卻發現家族中的長輩們已決定了整個喪禮流程和內容。

　　瑪麗雅從小信奉天主教，阿中在認識她後，也偶爾會陪她上教堂，受到瑪麗雅影響，阿中逐漸認識天主教教義，並且喜歡上教堂的平安喜樂，但礙於家人關係，仍然拿香拜拜、祭拜祖先，恪遵子孫祭祀孝道。

　　阿中生前曾跟瑪麗雅說他喜歡天主教喪禮的氛圍，他相信人死只是靈魂回到天上，安息在主的懷抱裡，這一切都是上帝美好旨意的安排，未來大家都會在上帝那裡相聚，且永遠同在，所以死亡不會是那麼悲傷的事。他看到教會中的弟兄姊妹們在喪禮中祝禱時，大家自在的唱聖詩、祈禱、讀經和證道，最後在親友的追思與致哀後出殯，儀式簡單肅穆，很是認同。阿中還曾跟瑪麗雅提過：「我希望以後自己的喪禮能以這種方式舉辦。」

　　瑪麗雅發現家人怎麼都沒跟她商量喪禮該怎麼舉辦，也沒有人問她有沒有什麼意見，整個喪禮都是阿中的父母和大伯共同商量決定。雖然她向長輩們提出她的想法，說阿中曾

表達希望以天主教方式舉辦喪禮，卻遭到阿中父母和大伯父的反對。

大伯說：「阿中怎麼可能會想要以天主教方式舉辦喪禮，是妳自己信奉天主教，但是阿中又不是天主徒，他跟我們的信仰一樣，當然要用我們的方式辦後事。」瑪麗雅不放棄，繼續說服長輩：「阿中真的很喜歡上教堂，他生前跟我說的……」卻得不到長輩們的認同。

瑪麗雅十分悲傷，她不能理解，自己是阿中的老婆，他的喪禮不是應該徵詢她的意見？她想用天主教的喪禮為阿中辦後事，卻沒有人願意聽她的想法。不僅如此，當她提出請求，以及阿中生前曾說的話時，公婆及家中長輩們卻連基本的尊重也沒有，硬生生將她排擠在治喪協商大門外。

瑪麗雅回想這兩天，他們帶著她到車禍現場招魂，準備了魂帛牌位，設了靈位靈堂，一下子燒香祭拜，一下子又找來法師誦經等，她渾渾噩噩的跟著大家做，卻無法用自己的方式去為阿中做些事，常常望著阿中的遺照掉眼淚，徹底地感到孤獨、無助和憤怒，她不知道未來的日子該怎麼過下去。

舉行告別式那一天，家奠禮一開始，司儀喊主祭者就位，她看到大伯的二兒子帶著她的女兒祭拜，接著家族中所有親戚一輪接著一輪拜，家奠禮和公奠禮結束後，女兒和其他親友送阿中的遺體去火化，大家卻要她留下來，公公、婆婆也沒有送阿中最後一程。瑪麗雅跟公公婆婆說：「我

要陪他去，我要送他最後一程。」卻得到「不行，妳不能送他。」的答覆。

　　瑪麗雅孤單地被留在告別式會場，她除了哭什麼也沒不能做。看著阿中的遺照，瑪麗雅痛徹心扉地默默哭泣，心裡對著阿中說：「你告訴我，我能為你做什麼？」看著阿中陽光燦爛般地笑臉，瑪麗雅想到了阿中喜歡唱詩歌時的平安喜樂感，她開始為阿中唱起詩歌，接著為他讀經、祈禱，心中也逐漸地獲得平靜。

　　就在搭著布棚的空無一人的告別靈堂內，瑪麗雅孤獨地為阿中舉辦了只有一個人出席的天主教告別式（此故事引自內政部2016年出版《喪禮v.s人權干誰的事？》手冊）。

　　喪禮的主角是過世的人，家屬是送行者，家屬應尊重當事人生前的想法和決定，在不違悖社會善良風俗及秩序下，依其遺囑或心願辦理，一方面表達孝心或親情，一方面也體現對過世家人的尊重。

　　身後事預先交代和囑咐，具體作法即：在世時依自己的意願、想法、宗教信仰或民族文化等不同的角度，選擇、訂定希望的身後事處理模式，並親口交代及立下書面文字預囑。

3. 我可以怎樣辦喪禮

活動中有的人希望以後能預先辦喪禮，例如舉辦生前告別式；有人說可以購買生前契約；也有人說想「預約喪禮」，把自己想要的內容預先交代子孫或禮儀業者；也有人說希望自己的喪禮是個歡樂趴。

活動中我常問大家：「你了不了解我們常做的喪葬禮俗的原由、功能和意義？」很多人回答：「不了解。」這就是為什麼，一旦面臨身後事，大家都不知道該怎麼辦，只能交由殯葬禮儀業者代為規劃，或由家族中長輩或鄉里中有處理經驗者主導。

很多人說，大部分的殯葬業者沒有說清楚，為什麼如此規劃喪禮流程與儀節，反正就是固定一套的做法，只是選擇要做繁複一點還是簡單一點；或是依預算來安排。

不少朋友說，喪禮過程的某些細節，會一直烙印在他們心中，或是造成遺憾，甚至更加重喪親悲傷。例如：有一位民眾說他的姑姑看到爺爺送進火化爐，並聽到禮儀人員說「火來了趕快跑！」現場就暈厥了過去。

一位參加朋友說奶奶過世時，看到禮儀人員很粗魯地推棺柩，又看到奶奶兩臉頰被畫得圓圓紅紅的，讓她心裡不舒服了很久，奶奶最後死亡的印象是粗魯、不夠細緻的。

父親的遺照

　　曾經有一件喪葬糾紛，某小姐向媒體投訴，指其父親過世，委託一家禮儀公司承辦後事。結果那家公司不懂禮儀，不夠專業，而且置她們家人的想法不顧，還漫天開價高收花籃費用，讓她越想越生氣，決定投訴討回公道。

　　這位小姐是彰化人，喪宅也在彰化，因族親幫忙找上台中的禮儀業者承辦禮儀業務。她控訴這家禮儀業者很不專業，教她們燒的紙錢順序不太對，代處理的花籃也因為跨區運送而收得比別人貴。

　　最讓她生氣的是，她父親一輩子務農，每天都穿白汗衫，禮儀公司竟然擅自將父親靈位上的照片「合成」換上「西裝」。她怎麼看就怎麼怪，怎麼看也不習慣。

　　她認為，爸爸個性純樸，死後並不喜歡「盛裝」打扮。豎完靈後，她連續一個禮拜在靈前擲不到筊，問什麼都得不到父親的「回應」。有一天，她陡的一想，便問爸爸「是不是不習慣『穿』西裝？」結果馬上就有筊。

　　那位小姐很不能諒解的是，她曾跟禮儀業者反應，要他別在告別式上使用穿西裝的照片，沒想到告別式當天，業者還是採用同一張照片做大圖，讓她看了更生氣。

　　後來經過了解，原來出錢處理後事的是投訴小姐的伯父，這位伯父認為弟弟一輩子沒穿過西裝，過世後好意想讓弟弟體面一點，因此交代禮儀業者幫弟弟「換裝」。業者聽

從伯父的囑咐，雖然有跟亡者的女兒說過，沒想到她那麼在意這件事。

喪禮要圓滿重在「溝通」和「協調」。殯葬業者可能面對的是「出錢」的伯父，所以伯父交代怎麼做，他們就依照需求處理。亡者家人之間不同的意見和想法，卻未獲得良好或清楚的溝通，才會造成如此的「誤解」和「遺憾」。

其實，只要伯父和殯葬業者能夠「貼心」一點，「用心」傾聽她的需求和「感覺」，她就不會氣憤難當了。尤其是業者，喪禮要辦得圓滿，禮儀人員原本就不該忽略每一位喪家的心情和感覺。當那位小姐在反映不要掛穿西裝照片時，就應該要有「敏感度」，好好傾聽她的想法和需求，想辦法居間溝通和協調。千萬不要以為「出錢」的最大，便以其意見為主。

火到靈魂跑

我的父親因為採行樹葬，遺體必須先行火化，不僅火化，火化後的骨灰還要再經研磨，才有利於未來快速分解於土壤，這是基於環保的考量。

在父親被送到火化場後，原先我們以為需長時間等候，沒想到棺木很快地就被推到火化爐間，我們全部家屬被隔離在火化爐間外頭，火化爐爐口瞬間打開，眼看著父親的棺木就要被推入爐口時，禮儀服務人員提醒我們跟著說「叫爸爸

（爺爺）火到靈魂跑哦！」怕我們聽不懂，又再講一遍「叫爸爸（爺爺）火到靈魂跑哦！」

我們都依著禮儀人員的「善意」提醒跟著說了，但是，其實我內心的感受卻不佳。當下我的腦海中立刻浮現「火燒了爸爸，爸爸慌張地站了起來，倉皇地跑開……」的畫面。

之後，我把這樣的「感受」與很多人分享，也得到了許多回應。不少人說聽到這樣的「提醒」心裡的確感受不佳。不過，也有很多人說不曾想那麼多，反正大家這麼說就跟著說。

長久以來我們習慣親人的遺體完整地埋入土中，一段時間後再撿出白骨，當改變成遺體火化時，家人難免有很多不捨，並想像遺體被火燒，如果靈魂沒有跟著跑，豈非也受到火的灼燒，因此有人會在遺體被推入火化前提醒親人「要火化了趕快跑」，這是一種善意的提醒，大家都是理解的。

但遺體的處理原本就有很多種方式，不管何種方式，在遺體變成白骨或骨灰的過程，勢必經過蟲咬、腐爛、火化、水泡、研磨等等階段，這些過程都會令子孫感到不捨。試想，禮儀業者如果能引導喪家，用恭敬的心來面對，並說些具有正面意義的祝福話語，是不是比較能寬慰家屬的心？

不近人情的喪禮作法

前面講到〈死後無家可歸的姊姊〉喪禮故事，一般類似

小鳳的情形，多半是另外供奉在寺廟（俗稱菜堂），現在則放在納骨塔內，只有極少數案例是家族不避諱而供奉入祖先牌位的。

這則故事前半段，家族中人有許多意見，但結局卻是理性、溫馨、有人情味的。這故事的後半段如下：

小鳳的弟弟、弟妹和侄子、侄女們認為：姊姊（姑媽）生前對家人無私奉獻，死後不但不會「搶福分」，還會繼續庇佑家人，有意改變傳統作法，想將她的骨灰罈放到家族塔位，同時也想奉祀家祠。

家族長輩認為這樣做於禮制不符，二叔也持反對意見：「沒聽說過有人這樣做，你們要三思呀，放進去了以後再要拿出來很麻煩。」大姑母也說：「這樣違反傳統，妥當嗎？大家要想清楚才好。」

另外，對於小鳳的喪禮和告別式的舉辦方式，家人也有許多討論。長輩們說小鳳沒有子嗣，依例長輩也不送晚輩，喪禮儀節簡單即可。但小鳳的弟弟、弟妹和侄子、侄女們卻不這麼想，認為應該好好送她一程，畢竟她為家族貢獻一生。

雖然長輩們多持反對意見，但在與長輩們和喪禮服務人員多次溝通、討論後，小鳳的媽媽、弟妹與侄輩仍決定依照家人共識，溫馨送她一程，不過請喪禮服務人員在文書和告別式作一些調整，以符合實際所需。而且還考慮將骨灰罈放在家族塔位牌位中。

　　喪禮服務業者也配合協助處理，先是特別幫家屬們設計了寫有生平事略，彰顯亡者一生奉獻家庭精神的白話訃聞，由侄女、侄子們共同發喪，神主牌位和銘文上的亡者姓名與稱謂，則書寫著「陳氏先姑母小鳳靈位侄女○○、○○／侄子○○奉祀」，還特別規劃了他們想要的告別奠禮。

　　家奠禮上，老媽媽獻上一束鮮花給愛女，表達對女兒的疼愛和肯定，弟弟和弟妹們一列，侄子、侄女們一列，司儀代讀亡者生平事略，一一述說她生前的懿行與對家庭的奉獻，大弟和大侄女則分別讀了家奠文，代表家族兩代對她的敬意與感謝。全家人陪同媽媽送她到火化場，溫馨地送她最後一程。

　　我覺得親情應該是平等的，不論是男性或女性，都是家人，不是嗎？喪禮習俗不宜違反人情，也必須尊重任何個人，若有衝突與矛盾，就表示我們應該「停、看、聽」，需要重新思考如何調整，才能順乎情、合於禮。

還能拜幾代

　　活動中也有不少人提到身後的祭祀問題。我常問大家：「你們覺得自己可以被拜幾代？一代？兩代？三代？」大部分的人認為可能不超過兩或三代，甚至悲觀的認為現代年輕人似乎較沒有慎終追遠的觀念。

　　有人說，現在中高年齡層還很重視清明節及祭拜祖先，

每逢這些節日，無論再怎麼忙碌，家族成員一定齊聚，準備各種祭品，偕老攜幼一起到先人的墓或塔位祭拜，以表達後輩子孫們對祖先的追思和懷念。

在祭祀方面，埋葬方式從整具遺體入棺入土擁有墓園立有墓碑，到死後火化放入納骨罐中進塔只佔有骨灰位，以至火化後骨灰放入環保骨灰罐且不立碑不佔空間，埋葬的方式可謂有180度莫大的轉變，當然掃墓和追思的觀念及方式也一定會跟著改變。

不僅掃墓方式有了變化，從前祖先牌位都供奉家中，現在越來越多人供奉到寺廟或納骨塔中，每逢節日或祭日，全家便參與寺廟或納骨塔舉辦法會，或是聚會對先人進行追思。

曾經有一位老太太，和子女們常年住在國外，媽媽前幾年過世後，家人考量以後掃墓和祭祀的問題，便決定將媽媽樹葬。她有點兒難過地說：「弟弟他們說要樹葬，我真的很不捨啊！那麼快就沒有屍骨了，想到這個心裡很難過……」

我安慰她屍骨本來一段時間就會沒有的，最終還是得回歸大自然，她回稱：「話雖如此，但是，幾十年後或百年以後，我人也不在了，人不在不知道了不想那麼多，而現在就在眼前哪……那麼快，很不捨呀！媽媽……很快就化為塵土了……」

的確，葬法和祭祀方式都會隨著時代需求而改變。以海葬來說，當家屬將親人骨灰拋下海的那一刻，心裡會很捨不

得,是需要勇氣的。而之後的祭祀,有的到海邊散步想念;有的在家中祭拜先人牌位;也有的家人相聚一同思念;甚至還有上網用網路追思,各人可以用適合自己的方式表達心意。

辦理喪事是整個家庭的事,每個人的意見都應該充分表達,每個人的需求也都應被照拂到,尤其應該注意到家人與亡者的實際親疏關係。一場圓滿的喪禮,應確實尊重亡者的生前殯葬決定,以亡者的最大利益為考量,維護死亡的尊嚴,並透過民主協商和專業禮儀諮詢,規畫和安排最適切且合宜的喪禮。

{ 第四篇 }

浴火鳳凰獲得重生

在這麼多場活動中，我發現喪親悲傷是許多人心中的痛。有些人勇敢地說出來，跟大家分享；有些人在團體中獲得些許支持與療癒；也有人坦誠很怕碰觸身邊親友的悲傷，不是不願關心，而是不知所措；更多人說不知如何安慰喪親的親友，除了說些表面的安慰話語，還能做什麼，才能起到實質的幫助作用？

一位朋友說：「喪禮的不圓滿，讓我至今想到仍感悲傷。」有人說：「過去十多年來，我每天都打電話給爸爸，爸爸走了以後，我還是繼續打電話，被家人制止，認為這樣不正常……」也有人說：「長輩生前沒有撥出更多時間好好陪伴與照顧，這種悔恨和遺憾，即使已過了二十年，仍然走不出悲傷！」還有人說：「親人過世後沒有怎麼哭，一年後突然感覺很悲傷，無法控制的，看了醫生，說是得了憂鬱症。」

還有人分享：「看到別人悲傷，不知該怎麼辦是好。只能講什麼節哀順變、你要堅強、要往前看、前面的路還很長等，都是些表面話，但不講這些還能做什麼？保持沉默又感覺不聞不問，安慰人真的很難。所以我很怕面對喪親的人，不知所措！」

一位女士跟大家說：「有時候我們沒有深度理解悲傷的人要的是什麼樣的關心，大多數人都是希望別再哭了、別再難過了，如果悲傷的情緒能說停就停就好了，不是嗎？」

1. 誰懂我的喪親悲傷？

綜合活動中大家的分享：「喪親悲傷很孤獨、很難受，來時像洪水猛獸，去時感覺平靜、卻帶點空虛，好像重新活過一回。」也有人問：什麼樣是正常的喪親悲傷？什麼樣又是不正常？多久不悲傷才正常？三個月？半年？一年？二年？是不是有的人的喪親支持和關懷比較薄弱？感覺孤單、焦慮、畏縮、無助感是正常的嗎？

曾經有一位禮儀從業人員問我：「一位服務的喪親家屬打電話給我，說她爸爸過世已經兩個月了，媽媽還是時不時想哭，要我去勸慰媽媽。請問該如何勸慰比較好？」

還有一位參加活動的女士問我：「親人過世一、兩年了，有時候還是覺得難過悲傷，這樣是不是不正常？」另外也有人問：「親人過世後東西我都全部保留，不想丟掉也不想動，這樣是不是不正常？」或是「十多年了，有時候我會到媽媽生前常去的公園，坐在那邊靜靜的思念她，有時候還是會掉眼淚，這樣OK吧？」

在我們的教育體制中，十分缺乏有關喪親悲傷的教育資訊，所以，在一場又一場的活動中，很多人提及喪親失落的感受，除了表達自己的喪親心情外，也顯示出對喪親悲傷的不了解和不知所措。

父後一年

很多人看過《父後七日》這部電影,劇情主要描述一對遭逢父喪的兄妹,為父親辦理喪事七天的點點滴滴。黑色幽默的台式電影,大多著墨在對傳統喪禮儀節的反諷和批判。但女主角的喪親悲傷卻於父後一段時間,在搭往東京的班機上,看見空服員推著免稅菸酒走過,一個半秒鐘想買黃長壽給父親的念頭,讓她足足哭了一個半小時。

女主角阿梅於辦理喪事的七天,心思專注在喪禮中,一方面她不熟悉這些喪葬禮俗的做法與用意,當殯葬業者引導時,充滿好奇與不解;另一方面在緊湊的喪禮過程中,忙東忙西,只能跟著喪禮的步調走,心中深度的悲傷沒有機會抒發出來。

喪禮過後一段時間,當她搭機前往東京工作時,看到空服人員推著香菸經過,香菸之於父親,產生了強烈連結,思念父親的種種,終於引發了內心深處對父親深層的思念情感。

在一場活動中,也有一位小姐說她有類似的經驗。她的父親過世時,她並沒有怎麼大哭,偶爾流一下眼淚,表現「很堅強」。她說自己也不理解為何那麼鎮定和勇敢。

但父親過世一年後,一次在整理家裡東西時,看到父親的遺物,突然控制不住情緒,眼淚嘩啦嘩啦地流了下來,哭了快兩個小時,好像要把所有對父親的感情和思念一併發洩

出來似的。

　　原以為是突然看到遺物所致，這位小姐沒有很在意，但漸漸發現自己的情緒「怪怪的」，好像不大對勁。有時候會沒來由的悲傷，有時候感覺很憂鬱，有時候心頭悶悶的，越來越覺得不快樂，生命好像再沒意義。她知道自己病了，看了醫生，吃了藥，慢慢才又回復健康。

　　其實親人剛過世時，我們想哭泣和有悲傷反應，是很正常的現象。喪禮中許多儀式，或跪或拜或哭，就是讓家屬盡哀，甚至孝女白琴或告別式上司儀也都在「製造氛圍」，引導家屬們「哭出來」。

　　很多人說，自己的喪親悲傷，是從辦完喪禮之後真正開始。活動中有不少人說，自己在親人葬禮後，一回到家，就很深刻地感覺到「親人不在了」。他們形容那種空虛、孤單和恐懼感會突然襲來，無法抑制的悲傷不設防地湧了上來，眼淚潰堤不止。

　　我也有同樣的經驗。爸爸過世後，在他下葬的那一天，從下午三、四點開始，人還在外邊，就突然無法克制地想哭，當時很希望能安靜地擁有屬於自己一個人、完全不被打擾的時間與空間。那一天，我斷斷續續哭了六個小時，完全一個人清靜地哭泣，同時整理自己那一段時間以來的情緒，事後再回憶當天的心情，竟覺「暢快」。我想，哭出來真的就是一種療癒！

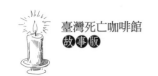
我可以打電話給亡父嗎？

一位女士在活動中跟大家分享自己面對親人過世的悲傷經驗。她說，爸爸過世前大約有十幾年，每天都要打電話給爸爸，跟他聊聊天，十多年來，這已成為一種習慣，也成為一種精神上的依賴。

她說，自己跟爸爸感情很好，爸爸是她精神上的支柱。有心事會跟爸爸說，遇到事情不知所措也要問爸爸，開心的時候更會跟爸爸分享。爸爸過世後，她還是每天忍不住拿起電話打給爸爸，跟電話那頭的爸爸講講話。

但這樣的情形沒多久，家人發現了，很嚴正地警告她：「妳別再這樣做了，這樣不正常，是病態呢！」從此後，她不再打電話給爸爸，但情緒開始出問題，常常想哭，想到爸爸便克制不住地一直掉眼淚，接著，還出現失眠、沒有食慾、全身乏力等症狀，看了醫生、吃了藥，斷斷續續的，到現在已經四、五年了，還沒走出喪親悲傷。

這位女士的家人看到她在父親過世後，仍繼續每天打電話給爸爸，可能覺得焦慮不安，但是，他們卻忽略了一件事：爸爸是她精神的支柱，十多年來每天通電話已是一種依賴和生活習慣，一下子要她「斷掉」這樣的舉動，其實是難為她。

如果我是她的家人，我會陪她「打電話」，也會抽出更多時間陪她。首先，看到她打電話，我會說：「妳打完換我

也跟爸爸說說話。」或問：「妳都跟爸爸說些什麼，跟我也說說，分享一下。」讓她感覺她不孤單，她有家人陪伴。

再者，跟爸爸說電話時我會說：「爸！你在天堂好嗎？我們都很想你，我們知道像您這樣的好人，一定很受老天爺眷顧。請您放心，我們都很好，家人彼此互相照顧，因為很想您，所以輪流打電話給您。」「爸爸，因為想你，所以又打電話給您，以後可能會慢慢少打，我們知道您已成仙，我們彼此的思念都在心中，時時都能感應到的，對嗎？爸爸，您永遠都在我們心中。」從陪伴與關懷中，讓她感受到家人支持的力量，同時也透過「暗示」，讓她做好慢慢不打電話的心理準備。

夢裡先生不理會我

在一場活動中，一位年逾七十的老太太問我一個問題。

她說，老伴已過世五年，這五年偶爾會夢見他，但很奇怪的是，夢裡頭他都不跟她說話，總是靜靜地坐在床尾，無論怎麼叫他或說什麼，老伴都不理她，讓她心中很不安。

老太太說，自己也不理解這是怎麼回事，有時候胡思亂想，以為是不是他在「那邊」過得不好；有時候以為是自己日有所思夜有所夢；有時候安慰自己應該沒事。但是，心中還是難免有所「牽掛」，不時會感到焦慮。

老太太講得實在太籠統了，除了夢境描述外，其他沒有

任何線索可循。我便問了她三個問題。

　　第一個問題：「您和先生生前的互動情況如何？兩人溝通情形好嗎？有沒有誰不理誰或誰較受壓抑？」老太太不假思索便回答：「沒錯！老師妳說的對。我老伴生前只要喝酒，就會『盧』我，所以我懶得理他，久而久之，兩人沒什麼好溝通，一直到他過世前，都是我不太理他。」

　　第二個問題：「請問您先生是生病離世？或是走得很突然？最後有拖很久嗎？」老太太馬上又回答：「他走得算很快、很突然。」

　　第三個問題我邊問邊幫她找答案：「所以……您老伴過世後，您心裡是不是有點兒覺得愧疚，因為妳常常不理會他，懶得跟他說話。您覺得自己太過了，其實不需要這樣，他也沒有那麼過分？」老太太果真點點頭，看著我說：「嗯！沒錯！」

　　問完三個問題後，老太太臉上露出鬆一口氣的表情。她點著頭，若有所思，但心中豁然開朗。

　　她跟大家說，她知道自己為什麼會做那個夢了，她也清楚自己的遺憾是什麼。

喪親後喪親者會感覺到悲哀、憤怒、愧疚、自責、焦慮、孤獨、疲倦、無助感、渴念、解脫、放鬆、麻木，或胃部空虛、胸部緊迫、喉嚨發緊、呼吸急促有窒息感、肌肉軟弱無力、口乾、沒有食慾、失眠等，這都是正常的。只要這些行為是在短時間內反應，過一段時間自行消失並恢復，就不用太過緊張和反應過度。但是，當某一種感覺持續過久、過強時，就有可能變成病態的悲傷反應。當家人有不正常的悲傷反應時，家庭成員就不能忽視，必須安排進行輔導或治療，以免衍生成更嚴重的心理及精神問題。

2. 為何家人都各自療傷？

很多人說，辦完喪事後，真正的悲傷才來，像洪水猛獸般。
我們的社會中，大多數家庭為什麼都各自療傷？家庭的支持
力量在哪裡？孩子的喪親悲傷是怎樣的？男性和女性的悲傷
一樣嗎？中年人的悲傷是不是常被忽略？老人家的喪偶悲傷
又是如何？白髮人送黑髮人到底有多痛？

　　我的阿姨在先生過世後一段時間，幾乎天天失眠，有段
時間難以入睡，有時候睡到半夜即驚醒，這樣的情況大約持
續一個多月才慢慢好轉。

　　一位伯父在太太驟然過世後，每天早上五點就在悲哀
感覺中醒過來，他常一遍遍回想太太死亡時的情景，不斷地
回想當時他如果做了什麼，就可以避免太太的死亡。日復一
日，生活過得恍恍惚惚，無法好好工作，兩個月後失眠現象
才慢慢好轉。

　　還有一位女士是在先生死後，要帶著狗上床，才能克
服獨眠的恐懼，狗的鼻息給了她很大的安慰，這樣的情形持
續了一年，她才能獨自入眠。她說：「那段時間她總是害怕
著，害怕做夢、害怕獨眠，甚至也害怕自己不再醒來。」

　　另外一位朋友在喪夫後，覺得自己好孤單，她不願出
門，也害怕出門，總是告訴家人：「我覺得好孤單」、「他

死後我的世界好像也結束了」、「一出門別人好像都用異樣眼光看我……」。

活動中我常問大家：「你們有沒有發現，我們的社會和我們的家庭，喪親後每個人都是各自療傷，並且靠『時間』來療癒悲傷，家庭的支持力量在哪裡？」很多人聽了都頗有所感地點點頭。

不想拜爺爺的小男孩

這是活動後一位女士分享的故事。

小凱五歲時爺爺過世了。爺爺生前和奶奶雖不跟小凱一家住在一起，但離得很近，小凱有大半時間都跟爺爺奶奶住，雙方很親，感情非常好。

爺爺是罹患癌症去世的，檢查出來即是淋巴癌末期，一個多月後就走了，家人感覺錯愕，也很不捨。尤其是奶奶，老伴在那麼短的時間離她而去，讓她痛不欲生，家人雖陪在身旁，但仍悲慟不已，後來，還請回跟著孩子定居國外的小姨，陪奶奶住了近半年，奶奶才逐漸走出喪夫悲痛。

小凱的父母擔心孩子承受不住爺爺過世的消息，一直沒有跟孩子好好談爺爺辭世之事，不得不跟孩子說時，總是輕描淡寫，儘量以「正面」言詞告訴孩子「爺爺去了天堂」、「沒有病痛」、「一切都好了」之類的表述。孩子總是默默地聽，有時若有所思，有時點點頭，看小凱沒有多說什麼，

父母感覺很放心，因為知道得少或許痛苦也會少一點。

從爺爺過世那一年起，不管是爺爺誕辰、忌日、清明或年節，只要是家人說要去拜爺爺，小凱就會拒絕。他總跟爸媽說：「我不想去拜爺爺。」一次兩次之後，家人也不再勉強他，只當孩子覺得無趣而不想跟著外出。

慢慢的，只要是聽家人說要去拜爺爺，小凱就會做噩夢，夢見爺爺突然不見了，他怎麼找也找不到，全家人也跟著一起找，但怎麼樣都找不回爺爺。但小凱沒有跟任何人說，也不想說。

這樣的情形持續了兩年，直到爺爺過世後第三年暑假，小凱到姑媽家小住半個月，跟姑媽及表哥同睡一房，姑姑發現小凱連續兩天做噩夢，經不斷耐心詢問，小凱這才告訴向來疼愛他的姑姑，總是會夢見爺爺不見了的事。

小凱的姑姑將此事告知小凱的父母，這才帶孩子去看精神科及心理醫師，經過多次諮詢與輔導，家人陪伴小凱真實地面對爺爺過世的事，小凱慢慢地不再做噩夢，也願意一起去拜爺爺了。

喪禮後我崩潰了

在一場活動中，有一位先生分享的生死故事，以及講述出男性的喪親悲傷心情，也讓我印象深刻。

這位先生說，他們家有六個兄弟姊妹，爸爸媽媽還在世

時，兄弟姊妹們感情還算不錯，至少沒有到不和的地步。平日裡大家也互有來往，他一直覺得家庭感情跟別人比，算是和樂令人羨慕的。

但爸爸過世後一切就都變了。他怎麼樣都想不到，兄弟姊妹們竟然為了財產，一夕間翻臉，竟似仇人。

這位先生難過地說，他實在無法接受這樣的「遽變」，雖知道人性都有貪婪的一面，朋友或職場上為了利益而不擇手段、或爭名奪利之事也常上演，但從小一起長大數十年，感情深厚的手足，怎麼可能為了父親留下的財產而翻臉？這是他想不到，也無法接受的事。

辦完喪禮後，他得了憂鬱症，長達三年，整個情緒陷入深深的憂鬱中。每每想到亡父，想到這破碎的家庭，想到互如仇人般的手足，他的心好痛、好痛，家庭的情感價值一夕破裂，真讓他失去活下去的勇氣。

阿離無聲的吶喊

這也是活動中分享的生命故事。

阿離三十多歲時喪夫，頭三年她不知道自己是如何走過的。

當時孩子還小，她一人一方面要撐起家中經濟，又得撫養兩名幼子，夫家長輩有時又暗示希望她不要再嫁，能守節一輩子，令她悲慟萬分，只能在夜半無人時，蒙著被子敲心

搥肺，流著眼淚無言的吶喊。

阿離說：「這個社會對喪偶的女人有太多的『期待』和束縛。」

從她的先生臥病開始，家族人就要求她辭掉工作，專心照顧先生，但是卻未給予充分的支援，她要煩惱經濟問題，要照顧先生，還要照顧孩子們；先生過世後，家庭的經濟重擔完全落到她身上，又得撫養兩名幼子，同樣也未獲得任何支援和協助。

她的婆婆和公公甚至在兒子過世沒多久，很直接地告訴她：「孩子還小，希望妳能專心照顧孩子，不要想著再找對象或再嫁，這樣孩子才能好好成長。」

面對這一切，阿離只能默默地承受，她心想：「我還能怎樣呢？這一切都是我的命。」走過喪夫五年，她感覺自己像死了一次，又重新活了過來。

喪親悲傷的情緒反應，具有高度的個別化現象，會影響喪親者的生理、心理和生活，悲傷的性質及強度也會隨著時間、情境的不同而改變。一般來說，喪親悲傷因人而異，通常至少要三個月、半年至一年才能逐漸平復，喪親者要走出喪親悲傷，是需要一段調適期，喪親的失落感必須面對和處理，家人宜彼此鼓勵表達心情，將潛藏的情緒或疚責感帶到可察覺的意識層面，並且互相傾訴抒發，發揮家庭支持力量。

3. 告訴我，可以做什麼讓自己好過些？

很多人問：悲傷情緒是不是只能靠時間沖淡？悲傷時可以做什麼讓自己好過些？別人悲傷時又該如何陪伴與關懷？要講什麼才能起到關懷作用？

　　爸爸過世下葬當天，我還未回到家，在路上就很想哭，眼淚開始不聽使喚奔流直下。

　　回到家後，所幸能有屬於自己的「時間」與「空間」。我一個人在房間，前後斷斷續續哭了六個小時，「暢快」地抒發自父親過世至辦完喪禮這一段期間未能盡的哀傷情緒。

　　之後半年內，有時會不自覺地「時不時想哭」；有時會走到父親房間翻翻父親遺物，想念他老人家；有時會想：「爸爸現在哪兒？投胎了嗎？還是就在我們身邊？」我一方面思親，與悲傷共處，一方面也觀察自己悲傷的變化，同時更「同理」其他家人的喪親悲傷，更廣泛觀察家人如何走出悲傷。這使得我得以深入認識喪親悲傷，在一場又一場的活動中，能比較貼近其他陷入喪親之痛者的心。

傳簡訊思念去世兒子的媽媽

以下這是我曾在活動中分享的一個故事。

美國科羅拉多州一位歷經喪子之痛的母親凱蘿，在孩子過世後一直感到悲傷難過，幾乎每天失眠，無法入睡。某日她突然思念兒子，便傳訊息給死去的兒子，想要一解相思，沒想到竟然得到回應，令她震驚萬分，但也獲得心靈上的慰藉。

凱蘿的兒子泰勒是一名員警，在科羅拉多州的高速公路上因公殉職，罹難前還不忘呼喊附近民眾注意拖吊卡車以維護安全，送醫後宣告不治。

泰勒過世後幾個月，有一天，凱蘿十分思念兒子，隨手便拿起手機，傳簡訊給兒子，告訴他自己很愛他、很想他。

沒想到凱蘿竟收到回應的簡訊，讓她十分驚喜。原來她發出去的簡訊被另一名員警凱爾收到，一開始凱爾認為自己沒有權力讀取這封簡訊，甚至想要更換手機號碼。但他忍不住回覆簡訊，想要安慰這位喪子的媽媽。

兩人互動之後，凱爾發現自己起了安慰傷心母親的作用，凱蘿也不反對凱爾繼續與她聯繫。自此，凱爾便代替泰勒讀簡訊、回簡訊，讓他的母親得以抒發對兒子的思念。凱蘿則覺得自己好像多了一個兒子，心裡產生補償作用，也覺得好過多了。

跟亡夫喝酒對話

　　前面提及那位七十多歲的老太太，夢見已過世丈夫在夢裡不理會她，也不跟她說話，讓她心中很是不安。當天她曾問我該怎麼辦？我理解她內心的不安，她希望有機會能跟先生「和解」，告訴他自己並不討厭他，也沒有不想跟他說話，請他能理解並且放下。我建議老太太做一些事，或許可以稍解內心不安。

　　我先詢問老太太的宗教信仰，她告訴我家中拿香拜拜，也會放「念佛機」為先生及祖先念佛迴向。

　　我告訴老太太，找個專屬紀念先生的「追思紀念日」，如兩人結婚紀念日、先生生日或忌日，哪個日子方便就挑那一天。訂了日子以後，安排那一天至少有半天自己在家獨處，空出屬於自己和先生的追思時間與空間，別讓他人打擾。

　　再來，我又請老太太當天準備先生愛喝的酒和菜，桌上擺著兩個酒杯和兩副碗筷，然後點起香，請先生回來與她共餐、聊天。

　　接著，必須進行三個步驟的追思儀式，我建議她要依步驟照做，才能達到效益。

　　第一個步驟是將自己當時為什麼不想理他的心情一一盡述，就當作先生跟她一同共餐，心中想說什麼就說什麼。例如：「我以前最不喜歡你喝酒，你一喝酒就會『盧』我，我

覺得很煩,久而久之便不想跟你講話,即使有時候你是清醒或認真的,我也不想跟你說,就是覺得煩。」第一階段可以把心中不滿或委屈的心情都講出來,講到不想講為止(即充分抒發)。

第二步驟則肯定先生這一生對家庭的貢獻,感念他對老伴及家人的好。我告訴老太太,人沒有完美的,有做得不好的地方,也有做得好的地方。前面抱怨夠了,我們開始想念他的好,這樣比較公平。我建議她,多想想他生前是不是有做令家人感動的事,或是對家庭付出的一切,同樣全部說出來,說到自己覺得講得夠了為止。

第三步驟,我建議老太太幫先生念佛或說祝福的話。我告訴她,多給先生祝福,他會感受到的,祝福是善的能量,也能幫助他放下一切,繼續生命的下一個旅程。至於如何祝福,只要有誠意,說什麼好話都可以。

最後,我再建議老太太幫先生做一件他想做的事,或是幫他做一件好事。無論是先生生前想做的事,或是幫他去完成一件讓他高興的事,都是可以的。如此,既圓滿了先生的心願,也讓自己心中無憾。

天堂家書

國內外有一些墓園或納骨塔設施,都會在清明或舉辦普度法會時,規劃「天堂家書」追思活動,讓家屬能用寫信方

式抒發對先人的思念之情，效果都很好。

　　我也曾建議中部一處寶塔公司，於活動期間多規畫一些活動，讓家屬能有更多元的追思方式，有助於悲傷的抒發。這家公司數年前依我的建議，舉辦了「天堂家書」活動，企劃單位發現這樣的方式，確能有效幫助部分家屬盡哀。他們跟我分享了幾個撰寫「天堂家書」的小故事。

　　有一名前往祭拜男友的年輕女子，她的男友因車禍意外過世，很多話來不及跟他說，透過「天堂家書」，她寫下許多想告訴男友的話，邊寫邊想他，邊寫邊哭，感情得以抒發，相思之情也能夠透過書信「寄」給最愛的男友，她說這種感覺很棒。

　　還有另一位媽媽，帶著兩個小孩到塔位祭拜因病過世的丈夫，聽到可以寫信給爸爸，兩個孩子高興地馬上拿起筆來寫信，信中寫著他們有聽媽媽的話，平時考試成績進步狀況，寫完又很高興的投遞到信箱內，其中一個孩子還說：「這樣爸爸就可以收到了。」「天堂家書」滿足了孩子對父親的想念，並且讓不懂祭拜的孩子能好好表達心中想告訴父親的事情，具體達到追思的效果。

　　另有一名剛參加大學學測的高中生，和家人去祭拜阿公，他很高興地在「天堂家書」中告訴阿公，自己考得成績不錯，可以申請到心中理想的公立學校。他說，阿公生前最疼他，也一直鼓勵他好好用功讀書，如今考上心中志願的學校，阿公卻不在了，沒有辦法和他分享喜悅，透過「天堂家

書」，他可以好好表達自己喜悅的心情，詳細的告訴阿公，感覺真的很好！

心靈做七與百日追思

活動中也有不少人提及，在喪禮過程中，自己好像都沒為亡者做什麼事，喪禮辦完後感覺很空虛，也很悲傷。

由於喪禮儀節越來越精簡，治喪時間也越來越縮短，我建議各家庭可以在做七或做百日時，自行加入「追思」的活動，一來可以讓家庭成員有「參與」的機會，二來可以凝聚家庭的情感，發揮家庭支持的力量。

做七或做百日時加入追思的活動，做法可以十分多元，最簡單也最適合所有家庭的追思法便是「相片追思法」。

一般做七或做百日都在晚上，在請師父或師姐來誦經之前，家人可以事先聚集，大家圍坐在一起，將亡故親人的照片拿出來，每人選一張「最有感覺」的照片。接著，進行三個階段的追思活動。

第一個階段，重點是抒發各人心情。每個人可以就拿到的照片，一一輪流講述自己對亡故親人的思念，以及自其生病到辦喪禮這段期間以來的心情，或者歡笑、或者哭泣，家人全體真情陪伴，就是最好的療癒之道。

第二個階段，目的是肯定亡者的一生及感謝其對家庭的貢獻。此階段家人同樣一一輪流講述對亡故親人的感恩心

情，謝謝他（她）為自己及家人的付出，讓每個人由內心講出感念之意。

　　第三個階段，則藉由祝福表達慎終追遠心意。祝福一直具有正向的能量，其實，誦經、祈禱也都是一種祝福。在此階段，可以配合宗教信仰，誦經或祈禱為亡故親人祈福，也可以直接進行做七或做百日誦經儀式。家屬可以在師父或師姐誦經時，跟著一起心中默念任何祝福的話語，例如：「祝您一路好走！」、「我愛您！」、「謝謝您！」、「我會永遠愛您」，或是佛號等，只要出於誠心，亡者自能感受到這祝福心意。

勇敢面對，自我療癒

　　父親過世後，我一一檢視和覺察自己及家人的悲傷情緒，發現走出喪親悲傷某些時候並不那麼簡單。

　　前面大約兩、三個月，我們的共同經驗都是「時不時會想哭」，想哭的時間很不一定，有時候開車或騎車的時候會想哭，有時候吃飯的時候會想哭，有時候閒下來時會想哭，有時候睡覺前突然想哭，悲傷的情緒是較不受控制的。

　　漸漸地，想哭的時間會慢慢拉長，前三個月哭的時候會揪心肝的情形稍緩，此時期想哭，會流眼淚，眼鼻一陣紅，心情較快便能平息下來。大約半年後，悲傷情緒會逐漸拉長。

　　我發現，悲傷情緒是可以適度管理的。因此，活動中建議大家，可以在喪親後頭三個月，訂出自己專屬的「追思療傷時間」，每個禮拜一天到五天不等，在固定的時段（例如：固定晚上八點到十點），挪出屬於個人專屬的時間與空間，讓自己有單獨思念親人的機會。

　　在這個專屬的思念空間與時間裡，為自己訂出追思計畫表。可以做的事例如：哭泣、誦經、禱告、靜坐、寫信、聽音樂、畫圖、折紙鶴、折蓮花、聽經、抄經文、焚香靜思、看照片思念、做回憶光碟、唱詩歌……等等，依自己的時間安排做什麼事，只要能讓心情有效抒發，並且達到思念的目的即可。

　　同時也建議在頭三個月裡，每次悲傷情緒過後，能仔細的記錄下自己悲傷情緒的內涵，例如：當時想到了什麼？在做什麼？情緒的反應是什麼？身心有何症狀？悲傷情緒過後自己有何感覺？是更難過？還是感覺輕鬆些？這些記錄有助於個人了解自己的悲傷情況，未來若有需對外求助時，也能提供醫生或心理諮詢用。

　　面對喪親悲傷，我們還要有一個認知：即這位亡故的親人，與我們情感牽絆數十年，血脈至親，生命中的恩怨情仇、點點滴滴，絕無法在短短時間內一抹而去。因此，我們要給自己和家人多一點時間來面對和適應，家人更應多多互相照應和陪伴，善用家庭支持力量。

　　我常跟大家形容，親人過世有時好像自己的某些部分

也跟著離去了，這空缺的部分，每個人都不相同，必須讓它重新活回來，每個人都要啟動「自療」功能，要正向地去面對，學習勇敢承擔。

我覺得喪親悲傷最難處理和面對的，不一定是親情的失落，可能是面對自己內心更深層的東西，包括和親人價值觀及生命的各種衝突，以及長期以來對親人的心理依賴。由於親人離去，自己得真實地面對自己的問題，承擔生命所有之重，這才是最令喪親者感到恐懼、慌亂和無助的。

以我來說，和父親的價值觀一直有些衝突，我踏實、低調、喜誠懇直率，父親凡事高調、帶點兒誇張，但講忠義，平日處事偶有小衝突，但他很疼我，也很肯定我。

父親過世後，我覺得自己得真實面對和他的這些「衝突」。曾經有兩度，父親入我夢境，夢裡父親離家很久，回家後竟覺疏離，有點不認得他，夢醒後只覺惆悵，不知為何做此奇怪的夢。

第二次再夢見父親後，便意識到之前曾思索與父親間的這些衝突，是需要坦誠「面對」的。我不再閃躲，一一去釐清，仔細地思量父女兩這一輩子的種種恩和情，愛與憤。當勇敢面對，打從心底願意承擔這命定的親情後，心裡便逐漸舒坦，至此後再也沒有夢見父親。

我知道，這是父親教我的一堂生死課。人永遠都得誠實的面對自己的一切，逃不過，也無法逃避。每個人都會面臨喪親經驗，這經歷便像浴火鳳凰般，會讓一個人先死去一

次，再重新復活一回。

> 生命中失去至親，常逼得我們從失落中學習放下，從
> 哀悼過程自我省思，學習面對和承擔生命種種，但凡
> 走過的人，雖然身心備受煎熬，但驀然回首，卻也會
> 驚喜地發現自己已然獲得重生。
>
> 對於喪親的悲傷，我們逃不過，也無法跳過，只能與
> 悲傷共處，勇敢面對並走過。所以，每個人都應做好
> 身心準備，好好照顧自己，這是對自己負責，也是對
> 逝者最好的承諾與交代。
>
> 配合著自己身體和心理的節奏，做好情緒管理，維持
> 正常的生活，並允許別人給予自己適當的幫助，就能
> 在這漫長悲傷期間內，讓自己好過些。當走出這哀傷
> 低谷時，你會感覺心很清明，前頭有山有水，世界正
> 張開懷抱等著你。

{ 第五篇 }

死亡教育
應該不一樣

臺灣死亡咖啡館過去一年辦了六十場,其中有三場對象是小學學童,有七場是社區關懷據點長輩,有一場是小學老師和家長,有兩場是同志朋友,也有六場是社區關懷服務志工,參加者年齡最小七歲,最長八十多歲,其中中高齡民眾不少,職業遍及各領域、各階層。

　　由於每一場對象都不一樣,各個階層、各個年齡層都有,主辦的網站團隊可謂戰戰兢兢,絲毫不敢大意。很多人聽說要跟小孩談,覺得不可思議,好奇地問:「能談嗎?談什麼?」又聽說要跟長輩談,擔憂地問:「老人家會不會不高興?」

　　在受邀前往小學和學童們談死亡前,我曾請教幾位在小學任教的同學或朋友,也包含小學校長,他們都認為小學中高年級學生比較適合談死亡,年紀太小的兒童可能不懂、沒有概念,或是不適合。

　　就這樣,在種種「壓力」下,我們突破自我及社會上大家的心理防線,事先做足溝通準備,證明了孩童可以談死亡、長輩可以談死亡,任何人都需要適度的死亡教育,而且死亡教育能帶來正向的效果。

1. 大人不敢碰觸的
孩童死亡教育

從小到大都沒有人教我們怎麼面對死亡。親人走了，我們該怎麼辦？能做些什麼？臨終前可以為親人做些什麼？如何照顧和陪伴？喪禮該如何辦？如何走過喪親悲傷？如何陪伴家人走過悲傷？面臨自己的死亡，又該做好什麼準備？身、心、靈該如何調適？我們的教育體系裡這些幾乎都是空白，家庭中又少有討論，這樣幾近空白的死亡教育，讓死亡如同洪水猛獸，一旦來襲，每個人遍身是傷，不知所措。

根據國內外生死教育研究顯示，大部分的人在八至十歲左右便開始意識到人會死亡。我在大學教授生死學，開學的第一堂課都會請每一位學生寫下：「第一次想到死亡是幾歲？」「當時發生了什麼事？」「那次經驗對你的生死觀產生什麼樣的影響？」

發現近六成的學生第一次想到死亡的時間是在小學，其次是幼稚園、國中或高中。大部分的孩子都說，很少有機會和家人談到感受，而且他們知道父母、長輩不太喜歡談，生活中死亡是禁忌、是不討喜的話題。

正因為我們的死亡教育是迴避和忽略，絕大多數人在親人臨終時不知道該如何給予適當的關懷，在親人過世後不知

道該如何幫家人辦喪事，對喪葬禮俗完全不了解，更不知道如何走過喪親悲傷。大多數臨終的人也在斷氣之前得不到親人最溫馨、最圓滿的祝福與送行。

誠如參加活動的民眾所說：「我們都很難面對喪親悲傷了，我們的孩子以後也要面對呢！」死亡教育範圍其實很廣、很大，面對死亡只是第一步，只有願意踏出第一步，才能啟動後續的各種生死教育和關懷知識。這便是「死亡咖啡館」活動的目的與意義。

導師的告別式

我們家族中一位就讀小學四年級的小姪女，班上的導師罹癌過世。天天和她們相處、上課的老師生病了，學校和老師卻採取完全隱瞞作法。孩子和家長一直很關心老師怎麼了，為什麼請假，卻得不到答案。後來因為有其他老師私下透露，小姪女才知道親愛的老師生病了，而且是生重病。

孩子遇到這樣的事情，回家後難過得不得了，孩子媽媽也不知道該怎麼辦才好，除了安慰之外，不知道還能為孩子做什麼，甚至該告訴孩子什麼才好。後來，弟妹想到了我，發了一封電子郵件給我，告訴我整個事情，希望我給她一些建議。我建議弟妹坦然面對這件事。我告訴她，這就是最好的生死的機會教育。

　　弟妹聽進去我的建議。她和小侄女談論老師生病的事，告訴孩子，死亡是每個人都要經歷的事。她用坦然和平靜的心情陪孩子走過老師死亡的事。小侄女為老師折紙鶴祈福，寫信給老師打氣，在老師走後，由媽媽陪同參加老師的告別式。

　　告別式當天，小侄女將親手折的紙鶴，以及寫給老師的信件、小卡片，放進了老師的棺柩中。她為老師祈福與祝禱，也把想說的話，在心中對老師說了一遍。回家的路上，媽媽拉著小文的手，告訴她：「妳的祝福和想念，老師全都聽到也收到了。妳相信嗎？」小文平靜地望向媽媽，輕輕地點了點頭。

　　弟妹告訴我，學校和其他老師對此事的反應，很保守、很迴避。其他家長對老師的生病和死亡，同樣採取對孩子保密和避談的態度，甚至不肯讓孩子參加老師的告別式。有家長認為讓孩子到殯儀館不太好；有家長認為孩子知道越少越好，傷害最小；也有家長自己本身就很避諱談死亡。

　　班導師過世後沒幾個月，小侄女又經歷了親愛爺爺的死亡事件。在整個爺爺臨終、死亡、守靈、入殮、告別式、葬禮、祭祀的過程中，我發現她跟家族中其他孩子不一樣的是，她對死亡不再恐懼，能以正向的態度面對死亡，並且積極地參與喪事。我想，這就是死亡教育的目的與成效。

千萬別忽略小孩對死亡的感覺

　　小強有一天陪媽媽在整理院子時，看到一隻蜻蜓死在院子裡，他突然問媽媽：「爺爺在我出生以前就死掉了哦？」媽媽很驚訝地看著他並且回稱：「是的。你怎麼會突然想到這個事情？」小強說：「我一直都有在想這件事。」他看著地上蜻蜓動也不動的屍體，又問：「每一個動物都會死嗎？」媽媽告訴他：「是啊！動物都會死的。只要是會動會呼吸的動物都會死的。」小強突然把蜻蜓撥開，自己對自己生氣地說：「我不想死，我要活得比所有每一個人還久。」媽媽看到他很在意這個事，馬上安慰他道：「你不會死啦！你會一直一直活下去的。別擔心！」

　　一個兩歲的小孩在自家的院子裡發現了一隻死去的小鳥，他的表情完全僵住，以往他只要看到地上有東西，一定會拿起來檢查一番，可是當他看到小鳥時，他只是蹲在小鳥的旁邊，靜靜的看著小鳥，沒有去碰牠。過了幾個禮拜後，他又在院子裡看見另一隻死去的小鳥。這一次，他拿起小鳥，擺出模仿小鳥飛翔的姿勢，堅持把小鳥放回樹枝上。爸爸媽媽幫他把小鳥放在樹上，小鳥沒有飛，但是這個小孩卻堅持要把小鳥放在樹上。又過了幾個星期，這個小孩注意到院子裡的一片落葉，於是他很努力的要把這片落葉放回樹上，努力了一回兒發現沒有辦法挽回樹葉的命運時，他要父親把樹葉恢復原狀，並且黏著在樹上。

　　三歲半的捷捷，最近不知道為什麼常常會問爸爸媽媽：「爸爸，你什麼時候會死？」「那捷捷什麼時候會死？」「媽媽什麼時候會死？」爸爸媽媽覺得捷捷還小，根本不懂，只是隨便亂問，就很含糊地回答他，並轉移話題，不想正面地去討論死亡的事。沒有多久，捷捷的爺爺過世了，爺爺住在南部，捷捷很少看到他，但是，從捷捷聽到爸爸媽媽說爺爺死了之後，他便開始常常做惡夢，經常拖延時間不肯上床睡覺，並且告訴爸媽：「我不要死掉。」爸媽還發現，捷捷不但問他們：「人死掉會不會很痛苦？」「捷捷不要死，捷捷怕怕。」並且經常玩著生病、死亡、殺人、被殺等的遊戲。

　　有一位四歲的女孩知道所有生命都會死時，整整哭了24小時。她的媽媽不知道該怎麼安慰她，只好輕聲向她保證：「妳那麼可愛，所以永遠不會死」。另外一位四歲的男孩，在他的祖母過世後幾天，進入廚房看見桌上一隻死鵝血淋淋的頭一動也不動地垂下來，他焦慮地看著死去的鵝好一會兒，然後問媽媽：「你所說的死掉就是這個樣子嗎？」

　　同樣一位獲悉祖母過世的四歲小男孩，在看到棺木的晚上癲癇發作。一個月後發現一隻死去的蛾，向人問到死亡，再度發生痙攣。兩個月後，不小心捏死手中的蝴蝶，接著出現第三次痙攣。

　　其實，不管對任何發展階段的孩子，誠懇、坦白就是最好的死亡教育方式。研究死亡和心理的專家建議，對任何發

展階段中的小孩，都可以用某種聰明而誠實的方式來教導死亡議題，讓他們正確的瞭解生命、認識死亡。

教孩子學習面對與承擔

孩童的死亡教育很重要的一點就是讓他們坦誠面對死亡事實、正確認識死亡。

美國的幼稚園和中小學，有專門的「死亡教育」課程。老師會藉由生活中如幼稚園飼養的小動物死亡、班裡一個同學生病去世等，來讓孩子們正確認識死亡。

他們的教育方式是不迴避，老師會清楚明瞭地向孩子說明「死亡，就是永遠不會回來，不管我們多麼傷痛，也改變不了這件事。」讓孩子們正向地學習「面對與承擔」。

但是老師會帶孩子通過各種方式來紀念，有時還會安排一個特殊的時間，把大家聚在一起，回憶曾經的點滴，讓孩子在此過程中學會「忘卻」與「珍藏」。

此外，學校還會邀請專業殯葬人員或重症室護士，給孩子上一堂「死亡課」。專家們會和孩子討論人死時的真實情景，並讓孩子們模擬親人遭遇車禍等死亡的各種情況，讓他們體驗突然成為孤兒的淒涼、教他們應對悲痛情感。死亡教育的目的在誠實地接受「壞消息」，釋放自己的情緒，提高抗挫折能力，樹立健康的人生態度。在此過程中，孩子會產生對待死亡的真實情感。

反觀我們的教育，不但缺乏正向的「面對與承擔」精神，甚至還教導孩子們「逃避與閃躲」。問題是，生死大事根本逃避不了，人人都必須面對，無一可倖免。既然如此，我們何不改變原來的態度和教育方式，誠懇、坦白的告訴孩子死亡的真相及因應之道？

利用死亡事件進行情感教育

除了讓孩童從小就坦誠面對死亡事實、正確認識死亡外，死亡事件往往是情感表達和聯繫很重要的一個契機，但很多大人包括家長和老師們卻常忽略，並錯失良機。

舉例來說，美國有一位小學教師，發現全班同學集體飼養的小白兔死了以後，孩子們都很悲痛，情緒波動很大。這位老師立刻開展一次與家長共同的死亡情感教育課，幫助孩子們度過失去小白兔的悲痛。

她給每位家長寫了一封短信，說明情況，並告訴家長：「小白兔的死讓孩子們很悲傷，這有可能讓孩子們想起自己喜愛的人或寵物的死。我們將在明天某堂課，邀請孩子們參加一個討論會。大家一起製作一本關於白兔的紀念冊，追憶與小白兔在一起的美好時光，並表達對牠的思念。」「另外，在最近一段日子裡，有些孩子可能會經常提起小白兔，有些孩子可能會變得沉默寡言。請您體諒孩子的情感表現。」

　　這位教師通過小白兔的死亡事件，聯合家長們，在學校及家庭中，進行了一堂情感教育。讓孩子及家長們認識正確對待死亡的情感體驗，有益於樹立健康人生態度，同時也告訴孩子，死亡是難以避免的事，悲傷是很正常的表現，但生活中還擁有更多的東西，我們要感恩並珍惜，然後繼續前行。

> 死亡教育真沒那麼難，也不該限定年齡。人一出生就得面臨死亡，不是嗎？只有從小接受正向的死亡教育，人們才能坦然地面對死亡。而讓孩子自幼接受死亡教育，目的是要讓他們確實理解生命的存在與終結，勇敢承擔並面對生命必然的失落。

2. 誰說長輩不能談死亡?!

活動中不少人提及，不知如何和家中長輩談死亡，家中長輩似乎不願意談，但我們在社區和長輩總共辦了七場死亡咖啡館活動，發現長輩其實很喜歡談這類事，最起碼並不排斥。反倒有些長輩會抱怨子女們不想談。究竟是長輩不想談？還是子女們不想談？又該如何和長輩談死亡？

　　活動中有人問：「我的爸爸生病了，可能沒多少時間，我們兄弟姊妹們不知道該如何跟他老人家談身後的事。」也有人說：「家中長輩很忌諱談死，完全沒機會談，該怎麼辦？」

　　常聽很多為人子女們說長輩無法談死亡，但也有長輩說是子女們不願意談。我覺得都有可能。某些長輩是避諱的，但有的長輩是可以談的；也有時候可能是長輩談到死亡，反被子女阻擋。例如：長輩想交代身後事時，子孫們會說：「爸爸／媽媽（阿公／阿嬤）恁麥想那麼多啦！恁會呷到百二啦！」「恁麥黑白想啦！」「嘸代誌啦！不用想太多！好好養病！」

　　其實，在我們長期避諱談死的環境氛圍中，要建立可以談死的對話習慣，是要有一些耐性和技巧的。尤其是從來不談，突然談起來了，如果沒有心理準備，難免讓人覺得突兀

或不舒服。所以，突破心裡的「魔障」、掌握好的時機點、談話的態度和口吻，以及談死的內容都很重要，成不成功端視這幾個條件有沒有配合得好。

長子的遺憾

前面曾提及一個真實案例，就是因為照顧的大兒子沒有好好聽完父親的交代，結果在父親亡故後，無法依照父親遺願辦理後事，造成父親和自己的莫大遺憾。

這個故事是彰化一位有四名子女的老先生，跟長子住在一起。生前他交代長子，死後將他海葬。但長子不忍聽到老爸爸交代後事，總是跟爸爸說：「恁麥想那麼多啦！」所以沒有好好聽爸爸說出他的想法。

這位老先生過世後，所有的孩子都回來了。在治喪協商中，長子將爸爸生前談到的事告訴其他弟妹，「爸爸生前什麼都沒說，只曾提過想火化並將骨灰灑葬。」卻遭他們一致反對。

最後，為了家庭和諧，這位大兒子沒辦法，先供了納骨塔位，可是他心裡老是覺得不安，覺得自己不孝，沒有完成爸爸的遺願，三個月後，他還是請殯葬業者私底下將父親骨灰出海灑了。

這位長子因為沒有好好讓爸爸交代他的遺願，也沒有適時地將他的想法告訴其他兄弟姊妹，讓自己陷入兩難困境。

雖然他還是依爸爸的遺願處理了他的骨灰，但是，從法律和
倫理層面來說，他未經其他兄弟姊妹同意就私自處理爸爸骨
灰，是很不妥當的。

爸爸，我可以訪談您嗎？

　　接觸生死學後的我，對生死自有不同以往的觀念，但
當我開始想和家人談死亡時，同樣也會遇到跟大家一樣的問
題。「怎麼開口呢？」「起頭要講什麼？」「會不會惹爸媽
不開心？」「會不會討人厭？」

　　其實機會真的很多，只是要自己去掌握，並且動動腦找
機會。為了跟爸爸談他對死亡的感覺，我向爸爸提出了一個
請求：「爸爸，我要做一個小研究，需要訪談對象，可以訪
問您嗎？您的人生歷練很豐富，我覺得您很適合，可以幫幫
我嗎？」爸爸很乾脆地馬上答應：「好啊！」

　　跟爸爸對談的那一個半小時，是我一輩子都不會忘記的
時光。爸爸暢談了他對死亡的看法，清楚地說明他身後的喪
事要怎麼處理，也跟我談他以前幫阿嬤辦後事的種種經驗和
感覺。這些都是我以前從不曾聽聞的。

　　感謝這次「訪談」機會，我感覺父女倆的感情更貼近
了，而這種貼近感是因為我們暢談死亡。平日我們不談的
事，一旦談開來了，就好像打開潘朵拉的秘密盒般，再也沒
有什麼不能談了，人跟人之間的距離就更近了。

您是我的生命導師

　　一位參加活動的女士詢問，她有一位親戚目前接受安寧居家照護，生活作息如以往，她心裡很佩服她，很想跟她說說話，但就是不知道怎麼面對她，更不知道該怎麼開口。

　　我回應她：「其實真的沒那麼難。她對死亡的態度和因應做法，讓妳覺得很佩服，妳就直接表達妳對她的看法。」「妳可以拉著她的手，用坦白、真摯且溫馨的口吻直接對她說：『您是我的生命導師！請您跟我談談這些日子以來您的想法，好嗎？我想向您學習。』」

　　這位女士一聽，立刻記下了我講的話，頻頻點頭說：「對，我怎麼沒想到。」其實談死亡並非難事，難的還是我們長久以來避諱的心理，以及彼此面對死亡的尷尬和不知所措。只要克服了這層心理障礙，談死這件事就容易多了。

　　在家裡頭要談死亡，開頭是最難的。困難點不在不能談，而是平日沒有談的習慣，而且大家都自然的避談，所以要起頭的確是要費一點心思的。要帶頭談死亡的人，必須懂得掌握時機和話題，並在適當的氛圍下，讓談死亡這件事顯得溫馨和坦誠，如此便能自然地引導與帶動。

3. 缺乏死亡教育的自殺防治

你曾想過自殺嗎？為什麼人會想自殺？自殺的動機為何？人
有沒有身體存活的自主權？自殺代表什麼樣的生命態度？自
殺者留給家人什麼樣的傷害？有什麼方式可以防治自殺？又
如何走過生命低潮？

　　我認識一位在殯儀館服務的公務人員。他告訴我，過
去這十年來自殺的案件實在很多，多到「嚇死人」。有時候
一天就好幾件。自殺有的是燒炭，有的是上吊。最令人擔憂
的，是自殺者有很高的比例為年輕人，其中大學生不少。

　　這位朋友說，這些自殺案件，很多是媒體沒有披露的，
因此大眾不知道。自殺者二、三十歲居多。有的是因為感情
因素、課業或工作壓力，一時想不開，就草率糊塗地結束了
自己寶貴的生命。看著這麼多美好、正當盛年、人生才剛開
始的年輕人，不了解生命真義而衝動地結束了生命，他感到
心驚和難過。他語重心長地說，我們校園裡的生死教育應該
要好好加強了。

　　還有一位朋友，家族中的孩子上吊自殺了，家人無法接
受死訊，也不知道孩子自殺的原因，家人最後選擇相信孩子
是「中邪」，被「壞東西」纏住了。

　　這位朋友是國中老師。當她告訴我這個事情時，我真的

很「驚訝」。驚訝什麼呢？驚訝她沒有深入瞭解孩子的生活和想法，也沒有想清楚孩子生命中遇到了什麼困難及挫折，卻和家族的人共往迷信的方向走。

她們全家堅信讀大學且品學兼優的孩子，是因居住的宿舍「不乾淨」，導致他用繩索上吊自殺。她們家族為此惶恐不安，在孩子的葬禮後，跑遍多處宮廟作法，並希望不乾淨的東西，不要再禍延家族其他人。

其實，從民國93年開始，國內自殺人口逐年上升，並列入國人十大死因之一，政府和民間團體很努力地防治及宣導後，96年起自殺比率才又開始逐年下降，至民國100年雖已排除在十大死因之外，但自殺問題仍不可輕忽。

自殺前一刻

因為感情因素，阿德在大二那年曾經企圖燒炭自殺，幸好在濃煙燃起那一刻，他突然「清醒」過來，及時逃過一劫。

阿德說，當時女友提出和他分手，一時無法面對這樣的打擊，心裡很痛苦，失落的感覺讓他萌生自殺念頭。為此，他曾打電話給「張老師」專線，也曾上網尋求各種可能的協助，但是似乎都無法抑制住他想自殺的念頭。

當自殺的想法一直揮之不去時，阿德還想到了回鄉下老家拜祖先。他想，如果祖先們庇佑，或許能讓自己打消這個

念頭。拜完祖先回家以後，他一樣感到痛苦，向家人傾訴自己很難過，家人雖給予安慰，希望他能早日走出失戀陰影，但痛苦的感覺仍然沒有稍減。

決定自殺的那一天，阿德跑到一家旅館燒炭，當濃煙竄起的那一剎那，他突然「驚醒」，感覺自己在做一件傻事。從那一天起，家人意識到阿德需要更多關懷和陪伴，便輪流安排時間陪伴他，希望能讓他感受家人的關懷，走出失戀低潮。

慢慢地阿德回復了正常的生活，回到學校上課以後，他勇敢地跟同學分享生命經驗，他說：「我們總以為自己當下遇到的困境是無法解決的，是生命中最大的問題，而且好像走不下去了，其實，回過頭來看，任何事都是可以解決的，任何事都是可以走過的。不要拿生命開玩笑，也不要逃學。因為，活著真的很棒！」

在決定自殺之前，什麼樣的協助和支援可能會改變或打消自殺念頭？阿德說：「如果當時有一個人能多陪伴他身邊，給予更多的關懷和傾聽其心聲，就可能打消自殺的念頭。」（故事引自華都出版文化出版郭慧娟著《生死學概論》第十一章篇事小故事〈自殺前一刻〉）

人為什麼會想自殺？

以前我們聽到有人自殺，總覺得那是個案，很少數的人因為想不開，所以悄悄結束了自己的生命。可是，現在自殺

這個事情，已經是生活中常聽到、常見到的事了，這是值得我們正視的。

大部分的人只要聽到有人自殺，表現的態度和感覺就是「逃避現實」、「懦夫」、「不敢面對自己的問題」、「何必呢！」、「唉！想不開！」、「為什麼呢？」還有的人對自殺的人會感到不屑，甚至更情緒的表達「死了算了！」、「那種人！」

一般來說，人之所以會想要自殺，最主要的是他的「死亡慾望」被引發出來了。人有生的慾望，也有死亡的慾望，當人生存的需求無法獲得滿足或面臨挫敗，就會引發死亡慾望。

據自殺臨床心理專家研究，自殺的人在自殺前或自殺時，可能正面臨五種痛苦中的一種或幾種，所以想不開。這五種痛苦是：第一種，他的愛受到挫折；第二種，身處高度挫折的人際關係；第三種，自我形象受到攻擊與冤解；第四種，覺得自己造成別人的負擔；第五種，負面情緒帶來無法負荷的憤怒時。

綜合來說，自殺的心理類型，大致可分為兩種，第一種是自我的效能感受到嚴重挫折，而感覺自己是個負擔；第二種是人際的關係受到嚴重受挫，感到自己沒有歸屬。自己或身邊的親友有了這兩種的挫折和困擾時，就容易有想不開的情形。

當然，除了這兩種挫折外，有罹患憂鬱症的人也是自殺

的高危險群之一，還有，有一些自殺的人其原因可能不明，不管事前或事後都徒留家人許多問號和遺憾。除此之外，媒體的過度和渲染報導，也會引發感染效應。

當家人在行為、口語、思想或外表顯露出想要自殺或厭世的念頭時，我們就要多注意並給予關懷：

第一，把家人想自殺當成大事來處理，認真看待家人的心理和生活上遇到的問題，不要以為只是一時情緒或開玩笑；第二，多陪在他身邊，嘗試找出想自殺的原因，瞭解他的挫折和問題是什麼；第三，多注意和關懷他，把可能用來自殺的工具，例如利器、藥品等物拿走；第四，想辦法提供他更多的協助，例如找可能對他有助益的人或事來幫助他渡過難關，抒解他的心情。

自殺的問題有時候不單是一個人能夠解決，必需要有相關人員、家長、老師、親友、伴侶或醫療人員等通力合作，才能把一個人從死亡邊緣搶救回來。而家人這時候就扮演了很關鍵的角色和功能，多多的關心和陪伴，絕對是可以避免很多遺憾的。

教孩子找出生命意義感

國外有一位精神醫學家，他的名字叫弗蘭克。他經常問遭逢劇痛的病人一個問題：「你為什麼沒想到要自殺？」得到的答案有的是說為了子女所以不能死，有的說是因為自己

的才能還有發揮的空間，也有的說因為還有未完的責任。

　　這位醫生自己也有很悲慘的經歷，他曾是集中營裡的囚犯，漫長的牢獄生涯，使得他除了一息尚存之外，其他沒有什麼可以想要活下去的東西。他的父母、哥哥及妻子，有的死在牢營裡，有的被送入煤氣間。一家人都死了，只剩下他和妹妹。

　　在集中營裡面，人命如螻蟻，一個人的價值只是在於他有個俘虜號碼，是死是活已無關緊要。像他這樣，被關在集中營裡，什麼都沒有了，而且每天還飽受饑寒凌虐，隨時都可能死亡的人，他的人生意義在哪裡？

　　在那樣的環境中，很多人是樂意就死的，反正活和死都是一樣的。但是，他發現，只要是瞭解到「生命對他仍有指望，未來仍有某件事等著他去完成」的人，就能夠承受一切痛苦。因為瞭解自己「為何」而活，而能承受得住「任何」煎熬。

　　後來，這位醫生獲得生還，他開創了「意義治療法」，幫助很多很多的病人喚醒他們的「生命意義」，幫助他們找到繼續活下去的力量。所以，教孩子找到生命的意義感是很重要的一件事。

自殺防治可以透過生死教育達到成效。像美國就開設
「自殺防禦課程」，教育孩童珍惜生命，教師還會要
求學生寫一封勸說自己一個有自殺念頭的朋友的信，
加強孩子的現實參與感；自殺比率全世界第二的韓國
則有治療中心開設「死亡體驗學校」，讓有自殺傾向
的人體驗死後世界，思考生命意義與價值。

4. 加強逆境承受與回應能力

我們每個人都會遇到挫折、失敗和逆境,碰到的時候我們是怎樣面對的?是認命?是無奈?是逃避?還是讓時間解決一切?我們每個人也都有喪親失落經驗,你我又是如何走過?承受逆境的能力可以透過教育加強嗎?個人又應如何提升逆境回應能力?

　　每個人的一生都會遇到挫折、失敗、失落、不愉快的經驗和生命逆境,但卻沒人教我們如何去接受和因應。我覺得除了加強死亡及自殺防治課程外,逆境承受與回應能力課程也是十分需要的。

生命中的墨非定律

　　大家都知道「墨非定律」,也最怕「墨非定律」。所謂「墨非定律」就是所有你覺得可能會發生、害怕會發生、或擔心會出錯的事,它就真的會出錯或發生。

　　生活中最常見的「墨非定律」現象很多,像是要出席很重要的會議,卻偏偏會遇到路上車禍塞車,或因為臨時發生什麼事而遲到或延誤;塗了奶油的土司麵包不小心掉了,掉在地上的一定是塗了奶油的那一面;等了很久排了很長的

隊，我們站的那一排總是最慢，另一排總是動得比較快；越是趕時間就越是會出差錯；越想找的東西越是找不到，不想找時它偏偏出現。

其實，「墨非定律」並不是一種強調人為錯誤的概率性定律，而是闡述一種偶然中的必然性，也就是我們越害怕發生的事情，往往就越容易發生，可能因為我們害怕發生，所以很在意，注意力越集中，就越容易犯錯誤。

在每個人的生命過程中，常常遇到類似「墨非定律」的情形。像是越相愛的兩個人越易分開；越是在意的親人越容易離開我們；想要天長地久的老伴卻較快地離開人世；身負全家經濟重擔或是精神上最依賴的人，往往在全家人都還正需要他（她）時，卻與世長辭。

我有一位好朋友，他是一位藝術家。在他四十多歲時，一向依賴為生的太太罹癌過世。這位藝術家面臨了人生中莫大的困境，因為生前他的所有生活上的一切，完全依賴他的太太，他甚至連提款、買東西、使用信用卡等，都完全靠太太處理，依附過深的結果，太太的過世對他而言猶如晴天霹靂，不但讓他的生命頓失依靠，全家也都陷入失序的恐慌與哀傷。

還有一位好朋友，常常懷念已經過世的父母，他覺得生命中對他最重要的人是媽媽，但是媽媽卻在家中經濟稍微好轉時就生病去世了，和他比較不親、對他比較嚴厲的父親反倒在生命最後十多年和他生活最久。

　　另外一位朋友，她很愛很愛她的先生，先生卻在她四十歲時罹患肝癌，為了這個病，她從國內醫到國外，遍尋名醫，卻依舊挽不回先生的性命，死神最後還是活生生的拆散了兩人。她和先生那種濃熾的愛，令所有認識他們的親朋好友都為之動容，並且暗自遺憾：「為什麼老天對他們這麼不公平！」

　　人生的旅途中，處處可見「墨非定律」現象，我們不希望它發生，它卻不預期的就來了，我們越是在意的親人，他們卻很容易離我們遠去。所以，珍惜當下，把握住現在所有的幸福時刻，才是最實際的。要愛就盡情地去愛，盡情地道愛表達愛意，才不會徒留任何遺憾。

「認命」是一件很重要的事

　　有一位太太，她的家族有罹癌病史，大約五、六年前，她被醫生告知罹患乳癌。在獲知罹癌後，這位太太不願相信，卻無力抗拒生命的考驗，確定檢查報告那一天，她一個人去西餐廳吃牛排，吃著吃著，眼淚不由自主地流了下來，經過一番內心掙扎後，她擦乾淚水告訴自己：「癌症並不可怕，怕的是從此放棄人生。好！我跟它拼了！」

　　沒隔幾年，她又陸續發現自己的陰道和肛門異常出血，就醫檢查後，竟然確定罹患子宮內膜癌及大腸直腸癌。

　　這位太太沒有被連續罹癌所擊倒，反而增強對抗病魔的

信心,她每天早起做體適能早操,快走一小時,注意飲食,也樂觀面對化療,她說:「這是修學分,一定要面對,早修完就能畢業。」

她說,罹患癌症的人常常自己貼標籤怕死,其實,生命自己本身會有出路的。罹癌的人不一定人生就只剩負面,反而要發動正面能量。她樂觀面對自己身體內的三個癌症,她認為三度罹癌就像集滿三個勳章一樣,身體猶如開通高鐵、中山高和北二高,順著生命的發展走,啟動生命的正向能量就對了。

除了堅強的對抗癌症,她同時成立乳癌關懷俱樂部,辦醫療座談,體適能課程,巡視病房關懷患者,提倡以「面對、接受、處理、放下」面對癌症。她的生命態度終於讓我懂得什麼叫做「認命」。

「認命」不是消極地配合生命的安排,而是積極地認識和面對自己的命運和生活環境(包括逆境和順境)。因為某一些命運的降臨和安排,不是我們所能控制和掌握的,譬如出生在窮困的家庭、面臨無預警的失業、遭逢家庭及婚姻的不順遂、遭遇身體健康及病魔的折磨,以及家人的驟逝等。

但是,在遇到了這些無法掌控的命運的事實時,如果能夠用積極正向的態度去看待它、認清它的本質,然後以正向的態度去面對,用樂觀的態度去接受和處理,生命不就柳暗花明又一村,再度開展生機。

逆境承受與回應能力

人在遇到危機事件，或生命中的困境關卡，陷入挫折，或感到迷惘時，便是處於逆境和受苦狀態。當陷入這樣的情境時，有的人自怨自艾，有的人認命承受，有的人勇敢面對，雖然所有好壞事都會過去，雖然時間的確會沖淡一切，但個人面對逆境的態度和承受、回應的能力，攸關著個體是否能激發出自我潛能，有效通過挑戰，順利完成人生各項生命任務。

近幾年來，很多企業、服務業開始重視員工在職場上回應逆境的能力。這是因為，大家發現與生俱來的智商（IQ），以及可以藉由學習控管的情緒商數（EQ），尚不足以獲取成功及激發更多生命潛能，反倒是能夠藉由後天訓練並自我提升的逆境商數（AQ），才是一個人解決困難和穩定持續堅持下去的最重要關鍵。

所以，我建議學校應該加強相關「逆境承受與回應能力」課程，讓學生模擬、想像、體驗或分享困難、挫折、失敗、喪親、破產、突然一無所有等的逆境經驗，接受生命中任何苦難的心理準備。

另外，課程中也可檢測學生的「逆境商數」。逆境商數內涵包括：個人對自我能力及情緒各方面的控制能力；能否勇於承擔逆境與責難並面對逆境原因；個人界定逆境的範圍及影響層面；個體對逆境可能造成受挫程度的深度以及面對

逆境時間的心態。

　　最後便是提升或增強學生回應逆境的能力。藉由案例體驗或引導，透過後天的訓練和加強，重建塑造腦內神經的能力，提升逆境承受與回應能力，讓孩子們能勇於接受挑戰和試煉，提升生命意義感，有效掌握並改變自己的生活。

　　舉例來說，某人因金融海嘯突遭公司解聘失業，頓時沒有收入來源，又面臨沒有工作困境。逆境商數低與高的人回應能力是完全不同的。

　　逆境回應能力較低的人，可能因此無法接受失業打擊，並且未打理好家庭及個人理財，又怨天尤人，懷憂喪志，不肯面對失業事實，如果家人又不能體諒，則失業影響將會擴大，甚至長期失業，嚴重打擊個人自信心與奮鬥力。

　　但逆境回應能力較高的人，則可能將此逆境界定為短時間失業，對家庭經濟只是短期影響，妥善運用及處理家庭開銷及財務問題，積極思考未來改換跑道或謀求相同領域職務，同時尋求家人支持與體諒，並學習拓展第二專長，調整面對失業心態，先求有工作再求擁有好工作，則能較快走出失業困境，甚至再創人生另一高峰。

西方哲學家尼采：「懂得『為何』而活的人，差不多『任何』痛苦都忍受得住。」也就是說，只要找到生命意義感的人，就有勇氣繼續活下去，並接受任何生命中的苦難與折磨。生命是美好並且有意義的，我們應該好好把握與珍惜，學習「把吃苦當吃補」，激發出生命中更多的潛能。

{ 第六篇 }

另類家人的
生老病死

活動中，飼主們談到曾經面臨失去寵物的失落心情時，不分年紀，都掉下不捨的真摯眼淚。一位分享者說：「媽媽過世時我都沒那麼傷心地哭，不知道為什麼小毛走後，我哭得好傷心哪！」另一位媽媽：「球球生病時，我當時要照顧家人又要工作，一時疏忽，竟來不及了，牠走了以後，我覺得對牠很愧疚……」還有一位先生說他養的狗一隻接著一隻相繼死亡，他發覺自己不對勁了，看了醫生，才知自己得了憂鬱症。

　　隨著社會變遷，寵物跟人們的關係也產生變化。當毛孩們從看門狗變成生活中的動物伴侶，當毛孩們從門外入住到門內，彼此之間的依附關係就不一樣了。寵物飼主們一旦打開心扉接納自己喜歡的毛孩寶貝，就必須做好心理準備──牠們以單純、無私、忠心的感情待我們一生，我們也得承擔與面對牠的生、老、病、死回報牠們。

1. 牠是另類家人

你覺得你們家的毛孩寶貝跟你是什麼樣的依附關係？牠像朋友？似兄弟姊妹？還是類子女、孫子女？牠是你精神上的依靠？或是家庭生活伴侶？牠對你生命的影響是什麼？一旦失去牠，對你的衝擊是什麼？

在活動中，常有民眾提及曾經飼養的寵物離去後的悲傷和不捨。一位50多歲的女士誠摯地跟大家分享：「我媽媽過世的時候我沒有哭得這麼悲傷，不知怎麼地養的狗狗走的時候，我卻足足哭了好幾天……」還有一位60多歲的先生講到他先前飼養的貴賓狗在他出國時離開，忍不住哽咽起來，並流下男兒淚。另外有一位年輕的小姐，說她完全不敢想自己的寵物會死亡一事，只要有人提及，她馬上會掉淚，現場一講到時，她果然淚流滿面。

十多場的寵物生死面對活動中，我經常在一開始便提醒每位前來參加的民眾思考幾個問題：「你覺得你的寵物跟你的『關係』是什麼？是像兄弟姊妹、還是兒子女兒、或是孫子女？」「在你的生活中牠跟你的依附關係是緊密或是一般？」「假設牠現在就走了，對你真實的影響是什麼？」我建議每一位在場者仔細思考寵物和自己的關係，以及對自己的影響是什麼。這種確實的檢視能有助於飼主先行預估一旦

155

失去牠時的失落情感，並真實地思考和面對死亡這件事。

小文妹妹

明慧是個國中二年級的女學生。在她國小三年級時，叔叔送她一隻小白文鳥。因為性格溫馴，喜歡親近人，明慧都叫牠「小文妹妹」，每天下課時，與牠一同玩耍，漸漸地，「小文妹妹」成為獨生女明慧的最佳玩伴。

一向文靜的明慧，向來少將心事向人吐露，有了「小文妹妹」後，明慧開朗許多。每天放學，她會趕著回家，一進家門，「小文妹妹」便一直圍繞著她，有時候跳到她頭上，有時候輕咬她的手，十分撒嬌。明慧心中有委曲也會告訴牠，壓力大時只要跟牠玩，情緒就能立刻放鬆，獲得療癒。

飼養「小文妹妹」兩年後某一天，明慧放學回家，發現牠一動也不動，她輕輕抱起了牠，發覺全身冰涼，意識到「小文妹妹」可能死了，她全身發抖，眼淚立刻奪眶而出，打電話給媽媽，媽媽只要她先別哭，等她回家再處理。

掛完電話後，明慧抱著「小文妹妹」崩潰大哭，一個人在家哭了很久很久，一直到天色暗了下來，才聽到媽媽用鑰匙打開大門的聲音。

之後，明慧不願任何人將「小文妹妹」下葬，勸了很久才讓家人處理牠的遺體。好幾個月的時間，明慧不跟人說話，爸媽很是緊張。直到有一天，叔叔又帶來另一隻小白文

鳥,慢慢的,明慧臉上才又開始有了笑容。

菲美怎麼了?

菲美連續請了三天假。公司主管和同事都知道她這些天心情不好,因為她養的小狗「阿咪」走了,她很難過。三天過後,她又打了電話給主管,說她還要請一天假。同事們大家很是擔憂,不知道菲美到底怎麼了。

菲美在6年前因緣際會將「阿咪」帶回家,從那天起,菲美的生活似乎有了重心。「阿咪」是隻紅貴賓狗,愛乾淨又很貼心。每天菲美一回家,「阿咪」就熱烈歡迎她,總是又跳又叫地,熱情到不行。

從菲美一進家門開始,「阿咪」幾乎全程跟著她。她上廁所或洗澡時,「阿咪」就在廁所外安靜地守候著;她在廚房做菜時,「阿咪」也在廚房外趴在地上靜靜地陪伴著,她徹夜加班時,「阿咪」更是無怨無悔地坐在她的雙腿上陪她加班。

對菲美來說,「阿咪」既是她的家人,有時候好像是她的孩子,有時候又好像是姊妹,過去六年來,她的喜怒哀樂,「阿咪」都全程陪伴,從無一天缺席。可是,沒想到,前一陣子發現牠怪怪的,好像不舒服,一帶去看醫生,診斷出是子宮蓄膿,排了時間要動手術,卻沒想到來不及,「阿咪」就這樣走了。

菲美找了禮儀公司人員幫忙處理「阿咪」後事，把牠火化後，回到家一打開門的菲美立即崩潰大哭。因為，再也沒有熱烈歡迎她的「家人」，沒有撒嬌的「女兒」，也沒有可以談心分享喜怒哀樂的「姊妹」了。

「阿咪」走的第二天起，菲美開始不想回家。她很怕回到那個空蕩蕩、沒有「阿咪」寶貝的那個家。她很怕自己一個人待在那個家中，到處都是「阿咪」的身影和回憶。這幾天她都跑到同學嘉怡家借住，甚至還動了賣掉那個房子的念頭。

後來，菲美的同事惠婷打電話問候她，聊天中知道菲美的心情和感受，同樣也有寵物死亡經驗的惠婷，把自己的失「寵」心情和她分享，徹夜聊天後，隔天陪她回家。貼心的惠婷找了幾個同事來，一起陪她談心，也幫她在家中布置了一個追思「阿咪」的角落，大家甚至幫她打造一個追思紀念「阿咪」的愛心行動計劃。

菲美幫「阿咪」做愛心，捐款給流浪動物之家，還到中心去當義工；將過去六年來和「阿咪」相處的點點滴滴整理出來，做了回憶的光碟；一個月後，熱心的同事剛好有親戚家的小狗需要送人飼養，同事帶著小狗到菲美家玩，立刻吸引了菲美的目光，小狗也很喜歡菲美，就這樣，菲美又有了一個牠──「米寶」。

繼承遺產的寵物們

　　人和寵物的依附關係有時還超越親人。印度有一對夫婦，生前因沒有子嗣，婚姻又不被家族認同，兩人立下遺囑，身後將遺產全部留給他們飼養的寵物猴子。這對夫婦收養了一隻猴子「春芒」，把牠當自己的孩子一般照顧，給他喝牛奶、水果，住的房間夏天有冷氣，冬季有暖爐。對他們來說，有了「春芒」以後的日子，不僅生活有趣多彩，生意也愈來愈好。夫婦兩人還為「春芒」找到一隻母猴當伴侶，為兩隻猴子舉辦了婚禮。

　　國內也有一位獨居富商，他的子女都住在國外或外地，臨終前三個月，他到醫院就醫，離家前把一直陪伴在他身邊的狗狗交給鄰居照顧，鄰居一直連絡不上他，便將狗送到流浪動物之家，等待善心人士領養。

　　臨死之前，這名富商在遺囑內寫明要將一筆金額不小的遺產留給這隻狗。子女們知道了，找到鄰居，發現狗已被領養，又透過各種關係終於找到這隻即將繼承巨大遺產的小狗。

　　當他們找到這隻狗時，狗因領養人用機車載牠出去兜風，不慎跳車受傷，正在動物醫院接受治療。富商子女們認為領養人照顧不周，堅決要將狗狗帶走，但領養人認為富商子女並不是真心愛狗，同樣堅決反對狗狗被帶走。經過動物醫院協調，雙方最後達成協議，狗狗由領養人繼續照顧，費

用則由富商子女負擔。

其實，依我國法律，遺產繼承人除配偶外，依序是直系血親卑親屬、父母、兄弟姊妹、祖父母，寵物可能較不適格。飼主如果想要在身後仍能給予心愛毛孩有好的照顧權益，可以將財產捐贈給法人、基金會或特定人幫忙執行，也可以將剩餘的錢在寵物死後用來照顧其它動物。

由於寵物忠心、無私的陪伴，能滿足人們需要被無私陪伴和關懷的心理，逐漸讓越來越多孤單並感到人情淡薄的現代人，視寵物為心理伴侶，並待之如家人。因此，對空巢或缺少子女的中老年父母來說，寵物填補了孩子的角色；對單身或青年人來說，寵物是生活或精神上的伴侶；而對少子家庭中的孩子來說，則視寵物為兄弟姐妹。

2. 何時該放手？

寵物的生死權利是什麼？寵物臨終時我們該如何？具體的臨
終關懷可以做些什麼？寵物生理照護上該如何處理？飼主心
理該如何調適與面對？寵物會有臨死覺知？牠們有自己面對
死亡的方式？飼主在什麼時候該放手？

很多人說，以前很少關注到寵物會生哪些病，現在才
知道，人類可能生的病寵物都有可能罹患。對所有的寵物飼
主來說，面對心愛的寵物生了病，即將離去，的確是一件很
難、很不容易的事。

許多飼主眼看著毛孩寶貝不斷地看醫生、打針、吃藥，
目睹牠一天天衰老，心情也跟著陷入低谷，雖然知道最終會
失去，還是很捨不得放手。有飼主說：「看牠這麼難過，
想以安樂死解除痛苦，心裡卻充滿罪惡感，很不捨、好糾
結！」

阿旺的故事

阿旺是一隻15歲的老狗，牠右腿疼痛已經好幾個禮拜，
動物醫生給了藥，但仍時好時壞，附近鄰居每天看到阿旺一
跛一跛的走著，總是充滿憐惜地摸摸牠的頭說：「阿旺老

臺灣死亡咖啡館
故事版

了，腿腳不方便了。」

　　三個禮拜後情況未見好轉，阿旺主人帶著牠做了更進一步的檢查，醫生確診罹患骨癌，初步研判只能再活三個月，若進行右後腿截肢則可以再延長三個月壽命，也就是再活半年。

　　阿旺的主人和家人一起討論該如何醫治。大家一致認為：如果只是再延長三個月壽命，而要截去牠的右腿，不如就維持原狀，將痛苦減到最低，讓阿旺自然地老去。

　　阿旺的主人在牠生命的最後時光裡，趁牠精神不錯的時候，帶牠去了許多地方遊玩，買了牠最愛吃的食物給牠，更每天以推車推牠散步，給牠最貼心、無微不至的照顧，就這樣，阿旺多活了六個月。

　　在阿旺過世的前一晚，阿旺的主人照例在睡前用推車陪伴牠散步，身體狀況時好時壞的阿旺，這天顯得疲憊無力，全身很是虛弱，散步完主人將阿旺放在牠平日最愛躺的庭院草皮上，阿旺靜靜地躺著，眼睛就這樣看著主人。

　　直到主人幫牠打理好一切，準備轉身進屋的那一刻，阿旺突然抬起頭來，吼叫了三聲，主人聽到阿旺突然這麼有力氣地叫著，心想：「又有力氣了，明天再帶牠到附近公園走走。」

　　隔天一早五點多，當主人起床打開大門，看到阿旺仍躺在草皮上，一動也不動。主人終於知道：「阿旺昨晚是在跟他道別呢！」

無尾熊「哈雷」之死

木柵動物園曾有一隻明星動物「哈雷」，牠因鼻腔內長軟骨瘤，導致呼吸及飲食困難，最後被安樂死，牠的死引起外界關注，並討論為何要將牠安樂死？

無尾熊「哈雷」是在民國93年9月上旬開始流鼻水，園內管理員發現牠吃尤加利葉的食量減少，身體好像不舒服，便將哈雷送往獸醫室進行採樣，發現「哈雷」體內有鼻疽菌，可能併發致死率極高的肺炎，園內獸醫立刻替哈雷施打抗生素，治療一個多月病情才獲得控制。

但到了當年10月下旬，園方工作人員又發現，「哈雷」不但持續流鼻水，且食慾不振，體重不斷下降，檢查結果初步判定牠的右鼻腔長了腫瘤，而且可能是惡性腫瘤。

台北動物園隨即會同剛好來台的澳籍獸醫師共同診療，確診「哈雷」鼻腔內的腫瘤是惡性腫瘤，且腫瘤持續增大，造成牠呼吸困難，病情已沒有康復的機會。澳洲動物醫師立即建議馬上進行安樂死。

但「哈雷」是當時很紅的動物明星，每天都有很多人到動物園看牠，立即安樂死，園方擔心遭受外界批評，且當時園方投入所有人力正在籌備一個動物年會，有很多民眾不贊成動物安樂死。

由於澳洲獸醫師態度堅決，最後台北動物園決定以深度麻醉方式讓牠安樂死。但因「哈雷」死後四天園方才對外發

布，引發各界震驚，許多到動物園觀看無尾熊的小朋友更是傷心。當然也引發部分媒體質疑和批評。

　　外界關注的是「哈雷」生了什麼病？為什麼一定要安樂死？牠外表看來好好的呀？動物園為牠進行安樂死恰不恰當？時間跟做法有沒有瑕疵？但令動物園獸醫師及工作人員印象更深刻的是澳洲獸醫師保護動物和對動物生命權利的態度和做法。

　　澳洲獸醫師強調並且重視的是「動物應有免於痛苦的權利」。「哈雷」的故事值得我們深思的是：動物的生死權利究竟是什麼？動物是否有其面對生死的態度？怎麼做才是最好的呢？

班吉的故事

　　由於寵物不會說話，對飼主來說，的確很難完全了解牠們的疼痛和不適，只能依賴專業獸醫師診斷；但如果飼主夠細心，其實是可以透過行為觀察察覺寵物的病情，甚至透過「心」的交流，陪伴牠走過生命最後一程。

　　曾經看過一則寵物新聞感觸良深。有一隻老狗「班吉」病得很重，全身癱瘓中風，被送到動物醫院救治，醫師認為可能需住院治療一個禮拜，但飼主認為牠年紀已大，不想牠再受這種痛苦，付了一筆錢給獸醫師，希望讓牠安樂死。

　　獸醫師接受委託後，認為應該給這隻老狗一個機會，

便細心為牠治療，一個禮拜後，老狗「班吉」的血管通了，漸漸恢復健康，又開始活蹦亂跳。獸醫師便將牠帶回住處飼養。

　　結果，「班吉」可能是太想念原來的家庭和主人，竟然趁獸醫師不注意時跑了出去，就在街上四處流浪時，被人發現，送到動物收容中心，並通知原來的飼主領回。

　　原來的飼主接獲消息後十分震驚，他以為「班吉」已經被安樂死了，沒想到獸醫師並沒有按照他的託付進行人道處理。飼主認為獸醫師不該欺騙他，既收了他的錢，卻未予安樂死，也未向其說明處理過程，雙方最後告上法庭，飼主控告獸醫師涉嫌詐欺。

　　對於寵物的治療和臨終照護，其實飼主必須負起更多的判斷責任與義務。不管是選擇安樂死或選擇安寧照護，飼主應該有更多元的面對生死的視野。畢竟生物的生死無法用一定的定律來套用。罹患了疾病，有的寵物承受力較強；有的寵物抵抗力較強，有的寵物能撐較久；有的寵物很快就不敵病魔；有的天命到了，飼主必須視情況判斷，重要的是該放手的時候一定要放手，這也是對生命的尊重。

臺灣死亡咖啡館
故事版

面對寵物的臨終生命，我們可以一方面聆聽專業醫師
的診療和判斷；一方面體察動物的求生意願；並且尊
重生命的自然規律，依這三個面向決定何時該放手。
寵物跟人一樣，都有生、老、病、死，我們要將重點
放在如何珍惜跟牠相處的每一天，也應明瞭在牠可能
離去的那一天，自己得承受些什麼，學會勇敢面對與
承擔。

3. 寶貝的身後事

寵物死後該怎麼辦？可以自己處理嗎？誰能幫我處理牠的身後事？哪裡可以找到寵物送行者？寵物的火化費怎麼算？納骨塔位費用是多少？採行樹葬費用又是多少？骨灰要不要拿回家？

我們網站團隊同仁三天兩頭便會接到寵物飼主來電，電話那頭總是不間斷的哭泣：「我們家的狗狗死了……請問現在要怎麼處理？」大部分的問題是：「屍體要怎麼辦？」「找誰來處理？」「費用呢？」「那……我還可以做什麼？」

在多場活動中，也有飼主分享：「我們家的狗走了後，一時也不知道要找誰，想到曾經幫家族辦喪事的禮儀公司，打了電話，他們說可以幫忙處理，帶來了一個紙箱子，把狗狗放了進去，直接送到專門火化寵物的寵物墓園，他們幫忙集體火化，火化後再樹葬，全部費用記得好像3500元。」

也有民眾分享道：「我們還幫小寶貝誦經，做了法事，牠就像家人，這樣做比較安心。讓牠跟著菩薩走！」一位朋友還說：「狗狗走了後，有找誦經師姐幫忙誦經，豎靈、百日都有誦，就把牠當家人呀！」

我常在活動中鼓勵大家好好想一想：寵物的身後事可以

怎麼處理？飼主真的什麼都不能做嗎？人跟寵物的後事做法一樣嗎？飼主究竟要用什麼心態來處理寵物的身後事？怎麼做比較妥適？

牠還有體溫哪！

小荷養了一隻博美犬，對宅女的她來說，小博美犬「球球」是她生活上的伴侶，也是精神上撫慰的重要角色。但可愛的「球球」生病了，看醫生治療了三個禮拜，還是不治。小荷真的好傷心哪！

還記得「球球」走的那一天晚上，小荷完全不知所措，整個人大崩潰，哭得很慘。當時的她什麼都無法思考，沒有辦法想接著要做什麼，只是下意識地撥給好友小莉，小莉剛好家人經營禮儀公司，立刻請家人幫忙處理「球球」的遺體。

小荷只記得自己渾渾噩噩，小莉和幾個人在接到電話沒多久後，一起到了家裡，當時已經半夜，他們又帶著她，抱著「球球」到近郊一處空地，挖開土後把「球球」埋了。

他們是直接把「球球」埋進土裡的，入土前，小荷不捨的摸了一下「球球」，感覺牠好像還有溫度，心裡還感覺不捨的小荷，立刻就被拉到一旁，「球球」就這樣被埋葬，真的離開了她。

處理完「球球」的後事，小莉開著車送小荷回家。當一

進家門，打開燈那一刻，小荷馬上崩潰大哭。那一晚，小荷完全沒有闔眼，就是一直流著眼淚。淚珠不斷的滴下，哭哭停停。

連續三天，小荷都有氣無力，整個人像行屍走肉，就是上班、下班，不知道自己在做什麼。第三天晚上，小荷又躲在棉被裡哭泣，她突然想起最後入土時，「球球」好像還有體溫。

這樣的念頭閃進她的腦中，令她像觸電一般，心開始抽搐：「『球球』沒有死哪！牠還有體溫我們就把牠埋了……嗚……嗚……『媽媽』對不起妳……」接下來的日子裡，小荷一直有強烈的疚責感，一直走不出失去「球球」的悲傷。

來福的葬禮

對陳嬸一家人來說，來福好像家裡的一個小孩，陪伴陳嬸一家11年，有時候自己跑出去玩，有時候跟著主人出去蹓躂，全家人都喜歡牠，也習慣有牠存在。

但一向身體強健的來福，從今年春天起，開始有點兒懶洋洋的，行動不如以往敏捷，鼻頭總是乾乾的，食慾也不太好，體重掉了不少。看了醫生，診斷可能罹患腦脊髓線蟲感染症，即寄生蟲性腦脊髓炎，治療一個禮拜後，還是不敵病魔，就這樣走了。

陳嬸是在某天清晨，在庭院的角落發現來福的屍體，當

169

時牠已一動也不動，身體已冰冷。陳嬸不知道該如何處理，
找了禮儀公司人員來幫忙處理。禮儀公司人員還幫忙在家裡
豎了一個簡單的靈位，讓陳嬸家人可以祭拜追思。

靈位擺設規格就跟一般人的一樣，有來福的遺照，還有
神主牌擺在遺照旁，陳嬸一家還點香祭拜，也找了師父來誦
經超渡。陳嬸說：「來福也算和我們一家緣分一場，11年來
感情很深，能做的就盡量做，希望在菩薩帶領下往西方極樂
世界。」

禮儀公司人員還慎重的為來福打造一個木製小棺木，幫
牠穿衣、入殮，並派了四位小帥哥抬棺，上了專門運送遺體
的黑頭禮車，送到寵物墓園火化，骨灰最後是放在墓園的納
骨位，三年後園方會將牠的骨灰葬在園內樹葬區，讓牠回歸
大自然。

「裘比」的告別式

「裘比」是一隻白色的狐狸犬，從出生一個多月就住到
主人美娜家，共同生活了16年，美娜一家疼牠疼得不得了，
對美娜全家來說，「裘比」就是家人，完全的家人。

16歲那年，「裘比」突然出現呼吸急促、咳嗽、呼吸困
難等症狀，經醫師檢查才發現心臟已經佈滿心絲蟲，年紀已
經很大的「裘比」最後因為休克而死亡。美娜十分傷心，卻
也知道這是必然要走的一條路。

美娜很感謝老天賜給她這麼一個寶貝，讓她能有這麼貼心的毛孩陪伴，而且共同度過16個年頭。她一直很感恩，也很珍惜這緣分。

原先以為「裘比」還可以多活一、兩年，美娜雖然難過，但卻早做好準備。從「裘比」被檢查出心臟已經佈滿心絲蟲，回家那一刻起，美娜便常跟「裘比」說話。

每天每天她會摸著「裘比」的頭，輕輕地幫牠全身按摩，用溫柔、鼓勵的口吻跟牠說：「小比比，『媽媽』真的真的很愛妳！謝謝妳這十多年來一直給我貼心的陪伴，無怨無悔，專心一致；媽媽有照顧不夠的地方你要多包涵。」又說「小比比，總會到妳該離開的時候，到那一刻，妳不要慌張，不要放不下，該走的時候跟著光、跟著溫暖的使者走，『媽媽』和家人會給妳最真摯的祝福！」「寶貝！我們謝謝妳、愛妳！」

「裘比」走的那一天，美娜拿出事先準備好的小紙箱，這小紙箱是美娜預先收藏的，她知道總有一天會用到它。她將「裘比」放在牠平常喜歡躺的柔軟毛被上，然後開始和家人一起布置這個小紙箱。她們先在紙箱外頭包上包裝紙，在紙箱內鋪上柔軟潔淨的布，又買了兩束鮮花，準備一些花瓣，然後將「裘比」的毛梳理整齊，輕輕地放進紙箱內，然後開始布置紙箱內的一切。

美娜和家人將「裘比」擺了一個美美的姿勢，在牠的遺體旁放了鮮花和牠最喜歡的小玩具，家人每人寫了祝福或

感謝的小卡片，並折了紙鶴，全家人盡心盡力地送牠最後一程。

對美娜和家人來說，在紙盒子蓋上前，這生命最後留下的印記是：「溫馨、美麗、難忘。」五彩繽紛的鮮花和色彩，潔淨和祥和的畫面，「裘比」小天使一輩子都會深刻地留在美娜全家人心中的。

在蓋上箱子前，美娜全家人圍在紙箱子旁，每個人都獻花祝福，並且對「裘比」講了一段感謝或祝福的話，蓋上盒子後，家人一起抱起「裘比」的小紙棺柩，陪同牠到了寵物墓園，在預定的時間將「裘比」火化，並將骨灰灑葬。

在火化的過程中，美娜和家人一直用心念告訴「裘比」：「小比比，放心的走吧！去當小天使，不用再掛心我們了，我們會很好的，我們永遠愛妳，謝謝妳！再見了！寶貝！」

面對寵物的身後事，與其都交給他人處理，不如飼主親自處理，藉由為牠做一些事，加強飼主面對死亡的真實感；同時也藉由後事的參與，讓飼主有盡心盡力的機會，了無遺憾。

4. 失「寵」之後

寵物走後多久走出悲傷才算正常？不正常的失落悲傷又是什麼？感覺悲傷，我們可以做什麼？對牠，我有好多遺憾，怎辦？你，是否不敢再養另一個牠？

對許多飼養寵物的飼主來說，最痛苦的事就是愛了多年的寵物離自己而去。那種痛徹心扉以及強烈的失落和空虛感，實非外人所能理解。

在多場活動中，常會聽到寵物飼主說：「我很喜歡養狗，但是現在不養了，自從先前養的那隻走了以後……」「先前養的那隻狗死了，我好傷心難過，之後便決定不再養狗，因為沒有勇氣，很害怕再度面對那種悲痛。」

魯比走後七日

阿銘今年三十二歲，未婚，隻身一人在台中工作。七年來，下班時間唯一陪伴他最多的就是愛犬「魯比」。無論是在家上網娛樂、外出買飯、晚上在家加班工作、例行散步和運動，「魯比」都是最佳拍檔。

「魯比」今年十二歲，是一隻老狗。四個多月前開始沒有食慾，每天都慵懶不振地趴在地上，帶牠去看過動物醫生

後，診斷出是淋巴腺癌，醫生說癌細胞若擴散，情況就會比較不樂觀。

阿銘眼看著「魯比」身體一天比一天虛弱，情緒十分低盪。他打電話給常到流浪動物中心當志工的好友小陳，並告訴小陳自己不捨的心情。小陳提醒他：「淋巴癌細胞是會全身跑的，無法控制，『魯比』情況有可能會一天天變差，轉好機率很低……」

掛完電話後，阿銘想了一個晚上，他知道雖然「魯比」吃著藥、也接受治療，但病情是不可能再好轉，牠正走向死亡，這是無可避免的事。看著「魯比」身體一天比一天虛弱，阿銘心想：「牠一直忍著痛，我是不是該減輕牠的痛苦，適時放手了呢？」

隔天下午，阿銘帶著「魯比」到動物醫院進行安樂死，在醫院，他又打電話給小陳，告訴他自己的決定。處理完「魯比」的身後事，阿銘感覺好像鬆了一口氣，但心情還是沉沉的。

那個週末下午，天空飄起了雨，阿銘獨自在家，喝著咖啡，正無聊的看著電腦螢幕，手握滑鼠無意識地搜尋吸引自己的網路資訊，突然他好像聞到了「魯比」身上的味道。潮濕的空氣，夾雜著他永遠都不會忘記的狗狗身上的騷味。

突然間，阿銘眼淚不自主的潰流，這七年來，和「魯比」相處的一切，一幕幕的湧上心頭，無法克制地，阿銘開始痛哭起來……

我不想再養狗

　　小華的同事明珠今晨上班時帶了她養的寵物狗「豆豆」到辦公室。豆豆是一隻白色的狐狸狗，漂亮又可愛，明珠將牠帶出來，是準備利用午休時分帶牠去洗澡剪毛的。「豆豆」一跑出狗籠，立刻引起同事們的關注，大家搶著抱牠、跟牠玩。

　　看著「豆豆」，小華忍不住想跟著大家搶著抱牠，但卻又下意識地忍住不抱牠。因為，對小華來說，她也曾擁有像「豆豆」一樣又白又可愛的「奶球」，而失去「奶球」是她一輩子最痛的記憶之一。

　　養了三年陪伴小華三年的「奶球」，就在一年多前，某一個假日下午，她帶著牠回鄉下老家，向來愛吃的「奶球」看著滿桌吃的，到處覓食，爸爸看牠愛吃，剛好吃著含蜂膠的保健食品，一個不小心掉了一粒，貪吃的「奶球」立刻搶著吞進肚子，小華爸爸心想那是保健食品應該無礙，沒有很在意。

　　沒想到，過了半個多小時，小華突然發現「奶球」怪怪的，不太對勁。沒有多久，「奶球」全身抽搐著，小華感覺有異，立刻送牠到動物醫院，但在半路「奶球」就不動了。

　　「奶球」走後，小華很難過，不知有多久的時間，她人前維持正常，回到家卻是悲傷不已。她一直感到疚責，覺得是自己沒有好好照顧牠，才讓牠吃了不該吃的東西，葬送了

小生命。

　　從那時候起，小華不敢再養寵物，她也告訴自己：「從此後不要再養狗了，因為，心好痛好痛哦！不養就不會痛了，不養就沒事了……」

別讓愛「卡」住

　　很多人都說，心愛的寵物走了以後，好難過呀，從此再不養了。

　　在一次活動上，曾有一位年輕小姐跟大家分享，她養的寵物走了以後，她好傷心、好難過，每次想到便淚流不止。現場她邊說邊掉淚，大家趕忙遞衛生紙給她，也有人安慰她。

　　現場我們引導她思考：「妳覺得不敢再養是因為自己害怕什麼？」「是怕面對死亡？」「是不想再那麼難過？」「還是覺得無法再愛？」「還是覺得自己很脆弱，一直無法產生勇氣？」「或者妳是在逃避某些事情？」

　　這位小姐很認真地一一思考這些問題，之後她跟大家分享自己的心情：「其實我覺得自己是害怕面對死亡。一直是害怕的。我的奶奶過世十多年了，我也一直不敢面對跟她之間的一些問題。我覺得對狗狗也是一樣，所以一直想逃避。」

　　我用很真誠的眼神看著她說：「可是妳知道嗎？我們

每個人都無可逃避啊！逃得了奶奶，逃得了養的寵物，但我們能逃得到了身邊所有的親人嗎？逃得了自己嗎？」我拉著她的手說：「學著勇敢去面對，好嗎？妳的男朋友今天陪妳來，就讓他陪妳面對奶奶的過世，以及妳愛的狗狗的死去，如何？」

我建議她，近期內找個時間，訂為奶奶的追思紀念日，把奶奶的照片找出來，和男朋友細數奶奶生前和妳度過的一切時光，也盡述奶奶生病和死亡時妳的心裡感受。想哭就哭，想說什麼就說什麼，把心裡對死亡的恐懼都說出來。「妳會發現：面對死亡並不是一件那麼困難的事。」我誠懇地跟她這麼說。

我同樣也建議她，另找一天時間，做為專屬狗狗的追思紀念日。同樣把以前和牠共同生活的記憶找回來。想想牠是怎麼愛妳的，回憶妳又是怎麼愛牠的。把妳在失去牠後的恐懼和害怕說出來，把妳曾經給牠的愛找回來。

我請她細細去想：那些年對牠的愛是不是很巨大？如果是，那麼那些愛呢？是不是隨牠而去了？試想，真正的愛怎麼可能會被「卡」住？想想，這世界還有很多像牠一樣的寵物等著妳去愛牠，妳為什麼要自此吝嗇再付出愛呢？難道妳的愛不是無私的，是有利益計算的？還是妳的愛是自私的，妳是選擇性地付出？

這位小姐一邊聽著一邊掉眼淚，但頻頻點頭，而她男朋友則緊緊地握著她的手。兩人互望一下，男友輕輕地為她拭

去眼淚。活動結束後，這位小姐跑來跟我說：「我今天學到了勇敢面對和承擔，我會努力去做的，謝謝！」說完露出了一個淺淺卻燦爛的微笑。

給「姆姆」的天堂家書

我們家在七、八年前開始飼養一隻紅貴賓「Q比」，女兒和兒子都好喜歡牠。當然，我也很愛牠。養了兩年半後，這隻紅貴賓生了小貝比「姆姆」，所以我們家現在有兩隻紅貴賓，一對母女寶貝。

一天，我和家人閒聊，聊到如果有一天牠們走了，我們會怎樣？有什麼好方法紀念或懷念牠們？女兒說：「想把姆姆做成標本。」兒子馬上回應：「那會不會有點可怕？」

女兒分享一個同學失寵後的經驗。她說那個同學足足哭了一個月，最誇張的是，寵物過世的隔一天剛好是期中考，她竟然因為心情太惡劣，當天五科全部缺考。那位同學到現在一想到死去的狗狗還是會掉淚，而且因為狗狗死去，到現在一直不敢再養狗。

我跟孩子們說，總有那麼一天，寵物是要跟我們說再見的，一定要做好心理準備，用坦然的態度面對。女兒這時又問：「那我們要怎麼抒發悲傷的情緒？可以做些什麼事嗎？或是有好的方法嗎？」

我回答女兒：「如果我們家狗狗走了，我會在家裡布置

一個追思角落，或許可以稱之「天堂之家」，牆上張貼牠的可愛照片，追思角落擺放著牠的玩具、用品或玩偶等，家裡有人想牠了，或許席地而坐，或許拉個小板凳，坐下來一起聊聊，難過了就一起哭泣，談到從前趣事就一起歡笑，有哭有笑，有懷念也有追思。」

我又說：「還有我會在追思角落旁，擺放一個「天堂信箱」，再放置小卡片或可愛信紙，家人想念牠們了可以書寫對牠們的懷念，並將卡片或信紙投入天堂信箱，隨時表達想念的心情。」我接著說：「也可以設置一個『祝福小站』，折了紙鶴可以放進去，折了房子可以放進去，所有的祝福都可以放進去。」

孩子們聽了齊聲說：「感覺很溫馨哪！」我點頭：「更重要的是這個追思角落是家人連繫情感的地方，是家人感情的連絡站。難過的人可以在這裡接受安慰和陪伴，想陪伴家人的人也不會不知道怎麼給予陪伴與支持。」

失去寵物和親人雖然很類似，但實質上無論是情感或影響卻不太一樣。人和寵物之間沒有恨與仇，只有情和愛，正因只有讓人感覺美好與溫馨的回憶，有時候反倒比喪親更令人難以忍受。再加上一般寵物生病到過世，時間較短，且很快的就處理完後事，沒有較多緩衝和面對、接受的時間，或因飼主延誤就醫或照顧不周，便容易產生疚責感，讓飼主難以走出失寵悲傷。面對失寵哀傷，有效抒發悲傷情感、維持規律生活、尋求親友支持力量、並適度轉移注意力、或外出散心走走，都是很好的療癒方法。

大事記

第1場	103.10.24	於台中市叛逆因子咖啡館舉辦
第2場	103.11.06	於台北金寶山墓園舉辦
第3場	103.11.18	於南華大學舉辦
第4場	103.11.25	於台中頭家國小舉辦
第5場	103.12.09	於台北澄知道咖啡館舉辦
第6場	104.01.25	於台北澄知道咖啡館舉辦
第7場	104.01.30	於雲林潮厝國小舉辦
第8場	104.02.08	於台北澄知道咖啡館舉辦
第9場	104.03.07	於主婦聯盟基金會高雄三多站舉辦
第10場	104.03.07	於主婦聯盟基金會高雄苓雅站舉辦
第11場	104.03.08	於台北澄知道咖啡館舉辦
第12場	104.03.22	於嘉義育人國小舉辦
第13場	104.03.24	於台中中清路龍寶公司舉辦
第14場	104.03.25	於朝陽科大銀髮產業管理系舉辦第1場
第15場	104.03.25	於朝陽科大銀髮產業管理系舉辦第2場
第16場	104.03.25	於台北典藏咖啡館舉辦
第17場	104.03.29	於高雄揚品文化咖啡館舉辦
第18場	104.04.01	於台中棲息地咖啡館舉辦
第19場	104.04.11	於屏東大仁科大舉辦
第20場	104.04.12	於台北澄知道咖啡館舉辦
第21場	104.04.26	於台中太平深耕寵物森林園區舉辦 寵物死亡咖啡館活動
第22場	104.05.11	於弘道基金會嘉義服務據點舉辦
第23場	104.05.13	於苗栗山腳國小舉辦

第24場　104.05.17　於台北濹知道咖啡館舉辦

第25場　104.05.18　於弘道基金會台中服務據點舉辦

第26場　104.05.22　於弘道基金會新北服務據點舉辦

第27場　104.05.24　於台南市圓融社區關懷協會舉辦

第28場　104.06.05　於弘道基金會宜蘭服務據點舉辦

第29場　104.06.07　於台北濹知道咖啡館舉辦

第30場　104.06.15　於弘道基金會高雄服務據點舉辦

第31場　104.07.04　於中州科技大學中區推廣中心舉辦

第32場　104.07.05　於高雄仁武慈暉志願協會舉辦

第33場　104.07.11　於新北市蘆洲區集賢路245號
　　　　　　　　　　活動中心舉辦

第34場　104.07.18　於馬來西亞舉辦——上午場

第35場　104.07.18　於馬來西亞舉辦——下午場

第36場　104.07.23　於苗栗大湖社區發展協會舉辦

第37場　104.07.25　於同志台中基地舉辦

第38場　104.07.26　於國寶社會福利慈善基金會舉辦

第39場　104.08.01　於張簡秋風慈善基金會舉辦

第40場　104.08.02　於桃園千鼎社區關懷協會舉辦

第41場　104.08.09　於高雄仁武慈暉志願協會舉辦

第42場　104.08.18　於高雄仁武慈暉志願協會舉辦

第43場　104.08.19　於嘉義中埔和興社區舉辦

第44場　104.08.23　於中化居家台中店舉辦

第45場　104.08.25　於高雄仁武慈暉志願協會舉辦

第46場　104.08.30　於梧棲台中市立圖書資訊中心舉辦

第47場	104.09.01	於高雄仁武慈暉志願協會舉辦
第48場	104.09.10	於台中外埔區圖書館舉辦寵物死亡咖啡館
第49場	104.09.19	於台中港區藝術中心舉辦寵物死亡咖啡館
第50場	104.10.08	於台中太平東汴里活動中心舉辦 寵物死亡咖啡館
第51場	104.10.18	於台中大肚區永順社區里活動中心舉 辦寵物死亡咖啡館
第52場	104.10.20	於台中朝陽科技大學舉辦
第53場	104.10.24	於台中寵物用品展舉辦寵物死亡咖啡館
第54場	104.10.25	於台中寵物用品展舉辦寵物死亡咖啡館
第55場	104.11.08	於台中朝陽科大樂齡大學舉辦
第56場	104.11.09	於台中新社國中舉辦寵物死亡咖啡館
第57場	104.11.11	於台中市政府秘書處舉辦
第58場	104.11.20	於台中潭子區圖書館2樓視聽教室舉辦 寵物死亡咖啡館
第59場	104.11.21	於台中國立資訊圖書館舉辦 寵物死亡咖啡館
第60場	104.12.05	於台灣同志諮詢熱線協會舉辦
第61場	104.12.16	於嘉義中埔社區關懷據點舉辦
第62場	105.02.27	於台中文心路準提西方門舉辦
第63場	105.03.17	於台中市北屯弘道基金會愛水據點
第64場	105.03.24	於台中市北屯弘道基金會愛水據點
第65場	105.03.29	於高雄仁武慈暉志願協會舉辦

國家圖書館出版品預行編目資料

臺灣死亡咖啡館——故事版／郭慧娟著. --初
版.--臺中市：白象文化，2016.5
　　面：　公分.——（信念；25）
ISBN 978-986-358-338-7（平裝）
1.生死學　2.通俗作品
197　　　　　　　　　　　　105003771

信念（25）

臺灣死亡咖啡館——故事版

作　　　者　郭慧娟
校　　　對　郭慧娟
專案主編　陳逸儒
出版經紀　徐錦淳、林榮威、吳適意、林孟侃、陳逸儒、蔡晴如
設計創意　張禮南、何佳諠
經銷推廣　李莉吟、莊博亞、劉育姍
行銷企劃　黃姿虹、黃麗穎、劉承薇
營運管理　張輝潭、林金郎、曾千熏
發 行 人　張輝潭
出版發行　白象文化事業有限公司
　　　　　402台中市南區美村路二段392號
　　　　　出版、購書專線：（04）2265-2939
　　　　　傳真：（04）2265-1171
印　　　刷　基盛印刷工場
初版一刷　2016年5月
定　　　價　260元

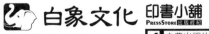

臺灣死亡咖啡館
活動過去一年多
來辦了65場

死亡議題在國內逐漸引起重視

參加成員都能正向面對死亡、思考死

參加成員很熱絡的討論死亡議題

中老年族群十分
關注死亡議題

活動翦影

活動翦影

很多人說長輩不談死亡，這些長輩們說：「是晚輩不跟我們談死亡。」

小學活動共辦了3場反應不錯

寵物生老病死的面對與陪伴也逐漸受到重視

銀髮志工們開始關注到他們所關懷長輩的死亡教育

這一場在小學舉辦，家長和老師們談論得很熱絡。

聆聽別人的生命故事，分享自己對死亡的想法，感覺很溫馨！

活動翦影

臺灣死亡咖啡館活動
引起媒體關注與報導

引言人在活動中不斷拋出各個面向的
死亡議題，讓參加成員們思考。

從小到大，很少有人教我們怎麼「面對死亡」這件事。

我們為什麼避諱談死亡？不聽、不說、不看這種駝鳥心態有解決我們的生死問題嗎？

參加成員們說：「原來，每個都會遇到面對死亡的選擇和境，在『死亡咖啡館』活動中到大家分享，真的很感動！」